KB237414

미생물의 세계

차례
Contents

생활 속의 내 친구, 미생물

밤하늘에 반짝이는 별은 아주 멀리 떨어져 있으므로 우리가 보기에도 아주 작아 보인다. 눈으로 바라보는 경우에는 얼마 볼 수 없는 별이지만, 망원경으로 보면 더 많은 별을 더 자세히 볼 수 있다. 성능이 좋은 망원경을 이용하면 가물가물하게 보이던 별들을 가까이 끌어와 마치 곁에서 보는 것처럼 좀 더 자세히 볼 수 있다. 그렇기 때문에 망원경을 이용하면 우리 눈으로 볼 수 없는 아주 멀리 있는 별까지도 볼 수 있을 뿐만 아니라 아주 멀리 떨어져 있는 또 다른 별들의 세계까지 그 존재를 확인할 수 있다.

우리가 살고 있는 세상에서도 우리는 눈에 보이는 모습 그대로의 세상만 볼 수 있다. 그러나 맨눈으로 보기 어려운 작은 크기의 것을 보려면 돋보기를 이용한다. 돋보기는 유리를 깎아 만든 것이기에 아무리 성능이 좋은 돋보기라도 5~10배 이상으로 확대하기는 어렵다. 그래서 사람들은 여러 개의 렌즈를 합쳐서 보다 자세히 볼 수 있는 현미경을 만들었다. 그래서 이제는 현미경을 이용해서 아주 작은 생물의 존재를 확인하게 되었다.

미생물(微生物, micro-organism 또는 microbe라고도 한다)은 말 그대로 눈에 보이지 않는 작은 크기의 생물들이다. 그렇기 때문에 보이지 않는 미생물의 존재를 확인하기 위해서는 확대경은 물론이고 광학현미경과 전자현미경까지도 이용해야 비로소 그 모습을 볼 수 있다. 우리가 눈으로 구별할 수 있는 크기의 한계는 0.1mm(100μm)에 불과하므로 이보다 작은 크기의 그야말로 먼지 같은 생물은 있는지 없는지조차 알 수도 없다. 전에는 보이지 않는 것은 없는 것이라고 생각했지만, 이제는 눈에 보이지 않는 미생물의 존재를 의심하는 사람은 한 사람도 없다. 눈에 보이지 않는다 하더라도 보이지 않는 또 다른 미생물의 세계가 있다는 사실을 모두가 이해하고 있다.

우리가 살고 있는 세상에서 볼 수 있는 모든 물체의 모습은 있는 그대로의 모습이다. 있는 그대로의 모습은 열 배 정도로 확대되거나 또는 열 배 정도로 축소된 모습이 아니므로 숫자로 표시한다면 1에 해당하는 10의 0승, 즉 10^0이라고 할 수 있다. 이에 비해서 현미경으로 보아야만 겨우 그 모습을 확인할 수 있는 미생물의 세계는 이보다도 훨씬 작다. 일반적인 세균의 크기는 μm 단위이므로 1/1,000mm에 해당하는 크기이다. 따라서 세균 모습을 볼 수 있는 현미경의 세계 또는 바꿔 말해서 현미경으로 볼 수 있는 세균의 세계는 $10^{-3} \sim 10^{-6}$으로 표시할 수 있다.

세균보다도 더 작은 바이러스(virus)는 광학현미경으로도 볼 수 없기에 전자현미경을 이용하여 그 모습을 살펴볼 수 있다. 바이러스의 일반적인 크기는 nm 단위이므로 세균의 세계보다도 더 작은 크기의 세계에서 살고 있다고 할 수 있다. 숫자로 표시한다면 nm는 1/1,000μm에 해당하므로 $10^{-6} \sim 10^{-9}$ 정도의 세계라고 할 수 있다. 우리가 눈으로 구분할 수 있는 가장 작은 크기가 0.1mm이니 이것은 바꿔 말하면 10^{-4}m에 해당한다. 그러니 세균이나 바이러스가 살고 있는 미생물의 세계가 얼마나 작은 세계인지는 언뜻 가늠하기조차 어려울 정도이다.

아주 간단한 예를 하나 들어보자. 한 변이 1cm 정도 되는 각설탕이 있다. 이 각설탕을 부스러뜨리면 헤아릴 수 없이 많은 설탕 입자들이 쏟아져 나온다. 이들을 다 모으면 찻숟갈 하나 정도는 너끈히 될 것이다. 다시 말하면 이렇게 수많은 설탕 입자들이 한데 모여 하나의 각설탕을 만들었다고 할 수 있다. 설탕 입자 한 개의 직경을 1mm라 한다면 적어도 각설탕 하나에는 1,000개 이상의 설탕 입자들이 모여 있을 것이다.

그러한 설탕 입자 하나와 세균을 서로 비교한다면 어떤 정도의 차이가 있는 것일까? 세균의 크기를 10μm라고 하더라도 길이로 비교하면 설탕 입자 한 변에 100마리의 세균이 늘어설 것이므로, 이것을 부피로 따지면 가로, 세로, 높이에 각각 100마리가 모여 있으므로 모두 $100 \times 100 \times 100 = 10^6$마리에 해당한다. 즉, 100마리 1,000마리가 아니라 100만 마리 세균이 설탕 입자 하나에 뭉쳐있는 것이다. 이는 감히 상상할 수도 없는 어마어마한 양이다. 그렇다면 눈에 보이지 않는 미생물의 세계는 도대체 얼마나 작은 것일까? 또한 그곳에는 미생물이 도대체 얼마나 많이 살고 있을까? 이와 같은 질문에 대한 답은 그저 '헤아리기 어려울 정도'라고 밖에는 말하기 어렵다.

우리가 상상하는 미생물의 세계가 어떤 것인지 생각을 가다듬어보면 어느 정도 짐작해 볼 수 있다. 친구와 마주앉아 이야기할 때에는 친구의 모습을 잘 볼 수 있다. 심지어는 반짝거리는 친구의 눈동자까지도 구별할 수 있다. 그런데 10m 밖에서 걷고 있는 친구를 보면 그 모습을 구별할 수는 있더라도 눈앞에서 보던 모습보다 훨씬 작아 보인다. 만약에 100m 이상 떨어진 거리에서 친구를 보면 그 모습이 분명해 보이지도 않는다. 다만 친구 같아 보인다고 느끼는 정도에 불과하다. 정확히 구분하기에는 멀리 떨어져 있는 친구 모습이 너무나 작기 때문이다.

미생물의 세계를 들여다보는 것에는 이보다도 훨씬 큰 차이가 존재한다. 아무리 시력이 좋은 사람이라도 1,000m나 떨어진 거리에서는 친구의 모습을 구별할 수 없다. 마을 뒷산에 올라 동네를 내려다보더라도 골목길을 걷고 있는 친구 모습을 찾아내기란 상상할 수 없다. 미생물 가운데 세균의 크기는 ㎛

정도인데, 이 정도 크기인 세균을 본다는 것은 마치 우리가 10^6m, 즉 1,000km나 떨어진 높은 하늘에서 우리가 살고 있는 세상, 아니 우리 마을에서 친구의 모습을 보는 것과도 같다. 과연 저 높은 하늘에서 친구가 내 모습을 내려다보면 정말로 내 모습이 보이기나 할까?

이 세상에는 60억 명 이상이 살고 있다. 이렇게 많은 사람들이 살고 있으므로 가까운 곳에 사는 사람이 아니라면 누가 누구인지 구별하기조차 쉽지 않다. 그렇지만 어떤 한 사람을 찾으려고 애쓰고 노력하면 시간이 걸리더라도 그 사람을 찾아낼 수는 있다. 만약에 찾으려는 사람이 널리 알려진 사람이라면 찾는 일이 더욱 쉽다. 이처럼 눈에 띄지 않는 평범한 사람을 찾아내는 것은 쉬운 일이 아니지만, 특별한 업적을 이루었거나 또는 중요한 직책을 맡고 있거나 아니면 이미 널리 알려진 유명한 사람이라면 비교적 쉽게 찾을 수 있을 것이다.

미생물의 세계에서도 우리가 살고 있는 세상에서 일어나는 것과 비슷한 점이 있다. 우리 주변에는 이루 헤아릴 수없이 많은 종류와 수의 미생물들이 있지만, 그들이 어떤 종류인지 구별하기란 그리 쉽지 않다. 수많은 사람들 가운데에서 평범한 사람이 쉽게 눈에 띄지 않는 것처럼 일반적인 미생물이라면 좀처럼 우리 눈에 띄지 않는다. 그러나 어떤 미생물이 특별한 능력을 가졌거나 독특한 성질을 나타내 보일 때에는 그들의 존재가 뚜렷이 드러나고 우리 눈에도 쉽게 띄기 마련이다.

우리는 눈앞에 드러나지 않는 것에 대해서는 좀처럼 살펴보지 않으려 한다. 눈앞에 보이는 것이라 하더라도 우리가 중요하다고 생각하지 않으면 모르고 지나쳐버리는 경우도 많다. 하물며 눈에 보이지도 않는 미생물의 존재에 대해서는 특별한 경우가 아니면 생각조차 하지도 않는다. 우리가 눈여겨보지 않는 동안에도 우리 곁을 스치고 지나가는 미생물이 얼마나 되는지는 헤아리기조차 어렵다. 이렇게 미생물이라는 존재는 우리 눈에 보이지 않으므로 우리 곁에 가까이 있더라도 없는 듯이 느껴지며 또한 없는 듯하여도 항상 우리 곁에 있다는 것을 우리는 나중에야 비로소 알아챌 수 있다.

요즘은 자기광고 시대라 하여 스스로를 드러내고자 노력하는 사람들도 많다. 이와 반대로 어떤 사람들은 자신을 감추고 은밀히 일하려는 사람들도 많이 있다. 그런가 하면 자신이 하는 일을 굳이 밝히려 하지 않으면서 남에게 도움을 주려는 사람도 있다. 어쨌거나 자신을 남들 눈에 띄지 않게 하려면 자신이 나서지 않거나 일을 하더라도 자세를 낮추어야만 한다. 그러나 아무리 자세를 낮추고 은밀하게 일을 한다 하더라도 그것이 크거나 중요하고 훌륭한 일이라면 자연스레 겉으로 드러나기 마련이다.

눈에 보이지 않는 미생물들도 여러 가지 일을 하고 있는데 그 일이 크고 중요한 것이면 자연히 사람들의 관심을 얻게 된다. 아무리 둘러보아야 눈에 띄지 않는 미생물이라도 혼자가 아닌 여럿이 뭉쳐서 일을 한다면 그 일을 통해 미생물의 존재가 드러나기 마련이다. 다른 사람들의 눈에 잘 띄지 않는다고 누군가가 하는 일이 영영 드러나지 않는 것은 아닌 것처럼, 미생물들 역시 자신이 살아가기 위해 행하는 여러 가지 행동을 통해 그 존재가 드러날 수밖에 없다. 시간과 공간을 초월하여 넘나드는 존재라도 된다면 있는 듯이 없거나 없는 듯이 있을 수 있겠지만, 아무리 미생물이 우리 눈에 띄지 않는 작은 크기라고 하더라도 미생물도 역시 생물의 한 종류이므로 물질세계의 범주를 벗어날 수는 없다.

미생물의 세계에서도 생물이 살고 있는 이 세상처럼 당연히 움직임이 있다. 새들이 하늘을 날고 물고기가 물 속을 헤엄치며 짐승들이 풀밭 위를 달리듯, 모든 동물들은 어떤 모양으로든지 운동을 하기 마련이다. 움직이지 않는 것처럼 보이는 식물들도 걸어 다니지만 않을 뿐이지 움직이고 있는 것은 마찬가지이다. 풀과 나무는 봄이 오면 기지개를 펴고 꽃을 피우며 이파리를 내놓고 푸른 옷을 자랑하다가 가을이 되면 씨앗을 맺어 널리 퍼뜨리면서 조금씩 움직이고 있다. 너무나 작아서 움직이는 것조차 느껴지지 않는 미생물도 가만히 살펴보면 그들이 살아가면서 나타내는 흔적을 확인할 수 있다. 그러기에 미생물이 어디에서 살고 있다는 것은 물론이고 그들의 움직임까지도 더듬어볼 수 있다.

우리 눈에 좀처럼 보이지 않는 미생물이지만, 이들도 살아가면서 움직이기 때문에 당연히 흔적을 남긴다. 우리는 미생물을 직접 보지 않더라도 미생물이 남긴 흔적을 보고 어떤 미생물이 살고 있는지 알 수 있다. 이를테면 장마철에 습기 찬

지하실 벽에 거무스름하게 번져 있는 먼지를 보고 금방 곰팡이가 피었다는 것을 알 수 있다. 또한 겨우내 땅 속에 파묻어 놓은 김장도 시간이 지나면 시어지거나 마당 한 쪽에 쌓아둔 두엄더미가 시간이 흐르면서 부스러져 좋은 거름으로 변하는 것을 보면서 모두가 미생물이 남긴 흔적이라고 생각하는 것이 결코 무리는 아니다. 이러한 모든 현상을 모두 우리 눈으로 하나하나 파헤쳐 확인할 수 없더라도 모두가 미생물에 의해 나타나는 흔적이라는 것을 알 수 있다.

우리가 매일매일 일하러 나가거나 동물들이 이리저리 움직이는 것은 그저 하는 일 없이 방황하며 시간을 때우기 위한 것이 아니다. 모두가 한결같이 살아가는 데 필요한 일을 찾아 효율적으로 이루어내려고 노력하고 있다. 우리가 사는 데 필요한 의식주를 해결해야 하듯이 모든 생물과 미생물들도 나름대로 필요한 삶의 조건을 찾아 나선다. 모든 생물은 주어진 환경 속에서 가장 적은 에너지를 투자하여 효과적으로 살아가는 방법을 찾고자 한결같이 노력하고 있다. '세계의 에너지는 일정하다'라는 19세기 물리학자 루돌프 클라우지우스(Rudolf Clausius)의 말이 지금도 유효한 것처럼 생물과 미생물에 의해 지구에서 일어나는 에너지의 변화도 그 모습만 바뀌면서 항상 순환하고 있다. 에너지가 순환하는 가운데에서 모든 생물은 삶의 효율성을 최대로 끌어올리고자 노력하고 있는 셈이다.

미생물이 어떤 일을 하는지 살펴보는 것은 그리 간단한 일이 아니다. 미생물들이 일을 하는 과정을 낱낱이 살펴보기가 어렵기 때문이다. 그러나 미생물들이 일하고 난 흔적을 보는 것은 어렵지 않다. 일의 진행 과정보다도 결과가 그만큼 쉽게 드러나기 때문이다. 그렇다고 미생물이 일을 하고 있는 과정을 전혀 볼 수 없는 것은 아니다. 일을 한다는 것은 곧 미생물들이 살아가는 과정이다. 미생물이 살기 위해 노력하는 만큼 움직임이 뒤따르기 마련이다. 미생물 역시 살아가는 동안 움직이는 것은 당연하고 그 삶의 결과로 미생물의 증식이 뒤따른다. 그래서 미생물의 증식이 바로 삶의 흔적으로 나타나는 것이다.

우리는 미생물이 하는 일에 따라 우리에게 도움을 주면 '이로운 미생물'이라 하고, 우리에게 해를 끼치면 '해로운 미생물'이라고 간단히 구분한다. 우리 생활에 도움을 주는 미생물에는 여러 가지가 있겠지만, 그 가운데에서도 유산균이나 효모뿐만 아니라 뿌리혹박테리아와 같은 공생 미생물들이 잘 알려져 있다. 해로운 미생물로는 무엇보다도 우리 몸에 병을 일으키는 병원균을 포함하여 유기물을 분해하는 부패균을 꼽을 수 있다. 그렇지만 부패균과 같은 해로운 미생물이라 하더라도 돌려서 생각해 보면 우리 생활에서 없어서는 안 될 중요한 미생물인 경우가 있으므로 간단히 해로운 미생물이라고 보아 넘겨서는 안 될 일이다.

어쨌거나 우리의 관심은 우리 생활 속에서 드러나는 미생물의 흔적이 우리에게 도움을 주느냐 해로움을 주느냐에 대해 쏠리기 마련이다. 그래서 사람들은 미생물의 흔적을 보고 어떤 미생물이 어떤 일을 했는지를 살펴본다. 수많은 종류의 미생물이 살고 있는 우리 생활 속에서 미생물 하나하나가 어떤 일을 하고 있는지 낱낱이 살펴 볼 수는 없다. 다만 크게 보아 우리에게 해로움을 주거나 이로움을 주는 종류에 대해 큰 범위를 정하여 살펴보고, 뒤이어 특별한 기능이나 역할을 하는 중요한 미생물에 대해서 시간을 두고 자세히 살펴보는 것이 오히려 효과적이기도 하다.

우리는 보통 주위에서 우리와 함께 살고 있는 생물을 구분하는 기준으로 몇 가지 중요한 성질을 이용한다. 생물은 동물과 식물, 그리고 또 다른 미생물로 간단히 구분되지만 이들을 역할에 따라 나누어 소비자, 생산자 그리고 분해자라고 구분하기도 한다. 광합성에 의한 녹색식물의 에너지 축적과 이를 이용하는 1차 소비자인 초식동물, 그리고 다시 이들을 먹이로 하는 육식동물로 이어지는 과정을 '먹이사슬'(food chain)이라고 부른다. 그러나 이들 동물과 식물들이 자기 역할을 다하고 나면 미생물들이 앞장서서 모든 물질을 분해하여 에너지를 생산하는 데 필요한 원료로 재생산해준다. 따라서 생물의 역할만이 아니라 함께 이루어지는 미생물의 역할까지도 포함시킨 '먹이그물'(food web)이라는 표현을 살펴보면 자연 속에서 일어나고 있는 에너지의 흐름을 더욱 잘 이해할 수 있다.

사람들이 살고 있는 세상에서 일어나는 실제적인 변화는 모두가 사람을 중심으로 생각하는 것이다. 그렇지만 조금만 마음을 터놓고 살펴보면 동물이나 식물, 그리고 미생물들이

나름대로 제각기 다른 역할을 하고 있기 때문에 사람을 포함
한 모든 생명체들이 이 세상에서 발을 붙이고 살 수 있는 것
이다. 우리가 살고 있는 이 세계는 거대하면서도 결코 포화되
거나 부족하지도 않게, 그리고 용서라는 말도 굳이 할 필요조
차 없이 모두가 맡은 바 일을 충실히 해나가는 생물들에 의해
골고루 나뉘어 모두가 함께 어울려 서로 도와가며 살고 있다.

미생물 가족의 족보 – 작은 생명체의 종류

세계 최초의 우주인이 된 유리 가가린(Yuri Gagarin)이 위성에서 지구를 내려다보면서 "지구는 푸르다"라고 말했다. 사람들은 멀리서 내려다보이는 지구를 일컬어 '아름다운 초록별'이라고 말하기도 한다. 이렇게 우리가 살고 있는 지구가 푸른색이나 초록색으로 보이는 것은 무엇보다도 생물이 살고 있기 때문에 그렇게 보일 것이다. 푸른색이나 초록색은 생명의 빛으로 우리에게 다가와 있다. 우리가 자신의 모습을 제대로 볼 수 있는 경우는 거의 없지만, 남의 눈을 통해서 우리 모습을 보면 놀랍게 아름다운 모습으로 느껴질 때가 많다. 가가린이 지구를 내려다보면서 아름답다고 감탄한 것도 따지고 보면 가가린도 크게 보아 사람이고 또한 생물이기에 지구가 그의 눈에 그렇게 아름다운 모습으로 보였을 것이다.

생물은 우리가 살고 있는 이 지구 어디에나 존재한다. 이 세상에서 가장 춥거나 가장 더운 곳에서는 물론이고, 수천 미터 깊이의 바다 속이나 아주 높은 산꼭대기에도 생물은 살고 있다. 이처럼 특별한 장소가 아니더라도 우리 주변 어디에나 생물은 어김없이 존재한다. 내가 발을 딛고 서 있는 땅에서 어느 곳을 둘러보더라도 가깝거나 조금 떨어진 곳에서라도 땅에 뿌리를 내리고 서있는 나무를 볼 수 있다. 나무뿐만 아니라 넓은 들판에서 자라는 풀에서도 그 속에서 함께 살고 있는 크고 작은 동물들을 볼 수 있다. 이들 모두는 우리가 눈으로 볼 수 있는 생물들이다.

이처럼 생물은 누구나 볼 수 있는 것이지만, 눈에 보이지 않는 미생물도 있다. 미생물은 생물들이 살지 못하는 곳에서도 살 수 있다. 세상에서 가장 높은 에베레스트 산보다 5배나 더 높은 40km 이상의 하늘에서도 미생물이 발견된다. 미생물이 우리 눈에 보이지 않기 때문에 있는지 없는지 모르는 경우가 있지만, 조금만 눈여겨 살펴보면 얼마든지 이들의 흔적을 찾아볼 수 있다. 정원이나 논밭에 나는 풀을 아무리 뽑아도 언제 어디에서 씨앗이 날아들었는지 다음 해에 또 싹트고 자라난다. 이와 마찬가지로 먹고 남은 음식물을 한동안 내버려두면 어디에서 날아왔는지 모르지만 곰팡이가 피어난다. 이렇게 우리 생활 주변에서 좀처럼 우리 눈에 띄지 않지만 수많은 미생물들은 어디엔가 숨어 있다가 살기 위한 조건이 맞기만 하면 살며시 피어올라 우리를 놀라게 한다. 그렇다면 과연 우리 생활 주변에는 어떠한 미생물들이 살고 있을까? 미생물의 종류를 한번 알아보기나 하자.

미생물은 말 그대로 눈에 보이지 않는 작은 크기이므로 어디에 있는지 찾아보기 어렵다. 그러나 미생물 한 마리는 우리 눈에 보이지 않을 정도로 작아서, 가끔이나마 수도 없이 많은 개체가 모여 있을 때에야 비로소 우리가 눈으로 확인할 수 있다. 예를 들자면 장마철에 습기가 많은 지하실 벽에 거무스레하게 곰팡이가 피어나는 것이나 먹다 남은 식빵에 푸릇푸릇 곰팡이가 피어오르는 것은 모두 수없이 많은 곰팡이들이 모여 있기 때문에 우리가 볼 수 있는 것들이다.

곰팡이 이외에 흔히 말하는 세균이라는 미생물 종류도 있다. 병의 원인이 된다 하여 병원균으로 널리 알려진 세균은 고체 상태는 물론 액체 상태의 먹이를 더 좋아한다. 그래서 세균이 우리 생활 주변에 있다 하더라도 액체로 된 먹이 속에 함께 흩어져 있으므로 좀처럼 우리 눈에는 띄지 않는다. 잘 익은 김치를 예로 들자면 그 속에는 엄청나게 많은 숫자의 유산균이 들어 있지만, 이들은 김치 국물에 섞여 자신의 모습을 사람들에게 그대로 드러내지 않는다. 물론 상한 우유 속에도 수많은 세균이 들어 있지만, 맨눈으로는 어떤 모습인지 알아볼 수 없으며 심지어는 있는지 없는지 구별하기도 어렵다.

또한 미생물의 한 종류로 바이러스(virus)라는 존재도 알려져 있다. 그렇지만 바이러스는 세균보다도 훨씬 작은 크기이므로 아무리 많이 모여 있다 하더라도 현미경으로도 확인하기 어렵다. 다만 바이러스는 살아 있는 세포 안에 기생하여 숙주 세포로 하여금 바이러스 병징을 나타내게 하므로, 숙주에 나타나는 바이러스 병징을 보고서야 비로소 사람들이 바이러스라는 미생물이 들어있다는 것을 짐작하게 만든다.

사람들이 일반적으로 생각하는 미생물의 종류로는 이렇게 곰팡이, 세균, 그리고 바이러스를 꼽는다. 이는 미생물은 모든 생물의 병을 일으키는 원인이 되므로 병원균이라는 관점에서 살펴본 분류 방법이다. 그러나 사람들이 맨눈으로 볼 수 없는, 또 다른 종류의 작은 생물이 있다. 여름철 더울 때에 연못이나 시냇물을 보면 녹색으로 변해 있을 때가 많은데, 이것도 우리 눈에 보이지 않는 작은 조류(藻類)나 원생동물들이 많이 증식해서 물 색깔이 변한 것이다. 당연히 이들도 미생물의 종류에 포함된다. 그 외에도 특수한 병원체로 알려진 리케치아(Rickettsia)나 마이코플라스마(Mycoplasma)가 있지만, 체계적으로 구분할 때에는 세균 무리에 포함시킨다.

살아 있는 생물체에 대해서 인간이 그 종류를 구분하고자 원했던 것은 아주 오래 전부터의 일이지만 체계를 잡아 구분한 것은 몇 백 년 전의 일에 불과하다. 린네(Carolus Linnaeus)는 1753년에 그가 알고 있는 모든 식물을 『식물 종 *Species Plantarum*』에 기록하면서 속(genera)명과 종(species)명을 함께 기록하는 이명법(binomial nomenclature)을 사용했는데 이것이 명명규약으로 채택됨으로써 명명법의 시작이 되었다. 미생물학이 발전하기 전에 생물은 크게 동물과 식물로 구분되었다. 따라서 생물도 동물과 식물, 그리고 미생물이라는 일반적인 기준으로 구분되었다. 그러다가 미생물에 관한 새로운 지식이 축적되면서 동물계와 식물계, 그리고 균계, 원생생물계, 원핵생물계 이렇게 다섯 개의 계로 구분하는 방법이 알려졌는데 이것은 지금까지도 널리 쓰이고 있다.

우리가 모든 생물체를 크게 생물과 미생물로 구분하는 방법은 단순히 대상을 눈으로 볼 수 있느냐 없느냐 하는 인간의 편의를 기준으로 한 것이다. 미생물을 곰팡이, 세균, 바이러스로 나누는 것 역시 이제까지 우리에게 알려진 병원균 종류에 따라 편하게 구분한 방법이다. 그런데 요즈음 생물과학에서 생물체를 나누는 방법도 학문의 발전에 따라 많이 바뀌었다. 생물의 기본 단위가 세포라는 사실은 이미 오래 전인 1830년경에 알려졌다. 동물이거나 식물이거나 모든 생물에서는 세포가 중심이라는 이른바 '세포설(cell theory)'이 알려진 것이다. 또한 세포 하나하나는 세포를 구성하는 여러 가지 소기관(小器官, organelle)으로 구성되었다는 것이 뒤이어 밝혀졌으며, 소기관들 가운데에서도 중심 역할을 하는 것이 핵(核, nucleus)이라는 사실도 밝혀졌다. 핵은 생물의 기본을 이루는 유전정보를 담고 있기 때문에 매우 중요하다.

이러한 생물학적인 지식의 발전에 힘입어 생물 종류를 구분하는 방법도 가장 중요한 핵을 중심으로 이루어졌다. 다시 말해서 세포 안에 들어있는 핵이 완전한 모습을 갖추고 있는지 그렇지 않은지에 따라 구분하려는 것이다. 그렇다면 도대체 완전한 핵의 모습이란 어떤 것일까? 세포는 가장 작은 생물 단위이며, 독립적인 생리 대사를 할 수 있다. 다시 말해서 세포 안에서 필요하고 중요한 일을 스스로 알아서 처리할 수 있다는 뜻이다. 그러자면 우선 바깥과 안이 구분되어야 하는데, 그 역할을 해주는 것이 바로 막(膜, membrane)이다. 세포 안에 들어있는 여러 가지 소기관들도 막에 둘러싸인 채로 이와 같이 독특한 역할과 기능을 하고 있다.

생물의 정체성이라고 할 수 있는 고유한 성질을 나타내는 세포 소기관이 바로 핵이다. 핵은 생물이 필요한 모든 유전정보를 담고 있기 때문이다. 세포 안에서 핵이 고유한 역할을 하기 위해서는 아무래도 이리저리 뒤섞여 있거나 온통 흐트러져 있어서는 안 될 것이다. 그래서 대부분의 핵은 세포 안에서 스스로 모습을 가다듬고 역할을 잘 하기 위해서 스스로를 막으로 둘러싸고 있다. 사람은 이러한 핵의 모습을 보면서 그것이 완전한 핵의 모습을 갖춘 것이라고 생각하여 진핵(眞核, eukaryotic)이라는 이름을 붙여 주었다. 쉽게 이야기하자면 '진짜 같은 핵을 갖추고 있다'는 것이다.

대부분의 생물은 세포 안에 진핵 모습의 핵을 지니고 있다. 그래서 이들을 일컬어 진핵생물(眞核生物, eukaryote)이라고 부른다. 모든 동물과 식물은 물론이고 미생물 가운데에서도 원생동물과 곰팡이까지도 세포 안에 진핵을 갖고 있다. 그런데 미생물 가운데에서 세균만이 진핵의 모습을 갖추지 못했다.

그렇다면 세균은 진핵이 없으므로 유전정보를 가지지 않느냐는 의문을 떠올릴 수 있다. 그러나 세균도 역시 하나의 생물이기에 물론 유전정보를 가지고 있다. 다만 그 유전정보를 담고 있는 핵이 막으로 둘러싸여 있지 않고 세포 안에 흐트러져 있는 상태라는 차이점이 있다. 그래서 우리는 그것을 '세균이 아직 덜 변화된 핵을 갖고 있다'고 하여 원핵(原核, prokaryotic)이라 부르고, 따라서 세균을 원핵생물(原核生物, prokaryote)이라고 한다. 다시 말해서 오로지 세균만이 아직까지도 원핵생물 모습을 유지하고 있는 생물이라고 보면 된다.

최근의 생물 분류 체계는 생물을 크게 원핵생물과 진핵생물의 두 가지로 구분한다. 사실 따지고 보면 세포 안에서 핵의 모양이 다른 것은 그저 생김새가 다른 것만이 아니다. 원핵생물과 진핵생물의 차이점은 핵막이 있고 없는 그저 단순한 차이뿐 아니라 핵 안의 염색체가 나뉘고 모인다는 특별한 기능과 역할의 차이로 이어진다. 그래서 원핵생물과 진핵생물의 차이에는 생물의 세계에서 생장과 증식에서 볼 수 있는 근본적인 차이가 있다고 해도 틀림이 없다. 원핵생물의 종류로는 세균만 알려져 있지만 진핵생물에는 동물과 식물은 물론이고 다른 미생물도 포함된다. 미생물 입장에서 보면 세균은 원핵생물이지만 곰팡이, 원생동물, 조류 등은 모두가 진핵생물로 구분된다. 이러한 분류 체계는 처음 경험한 사람들에게는 약간 복잡한 모습이라 할 수 있다. 그러나 생김새만으로 미생물을 분류할 수는 없으므로 이것은 생물의 기능과 역할이라는 특성에 따라 나뉘는 분류 체계라 이해하면 조금은 마음이 편해진다.

요즈음에는 생물의 본질이 무엇인가 밝혀내려는 연구에 관심이 쏠리고 있다. '생명이란 무엇인가'라는 명제는 생물학의 급속한 발전에도 불구하고 아직까지 해결될 기미가 없다. 다만 생명물질이 유전자(遺傳子, gene)라는 사실을 알게 된 이후부터는 유전자의 해석으로 해결의 실마리를 풀고자 노력하고 있다. 모든 생물의 유전자를 들여다본다는 것은 분명히 쉬운 일이 아니다. 비교적 작은 크기의 유전물질을 가진 미생물에 대해서 전체 유전자 한 세트(set), 즉 유전체(遺傳體, genome)의 염기서열을 확인하는 작업이 많이 진행되고 있다.

생물 유전체의 염기서열을 알게 되면 유전자 각각의 구성과 기능이 어떤 것인지 살펴볼 수가 있다. 그래서 많은 생물학자들이 특별한 기능을 가진 생물을 대상으로 유전체의 염기서열을 확인하고 있다. 미생물 가운데에는 아주 특이한 성질을 보여주는 세균과 비슷한 종류들이 있다. 사람들은 아주 높은 농도의 염분이나 알칼리성 물질 또는 60℃가 넘는 고온에서도 너끈히 살 수 있는 특별한 미생물이 존재한다는 것을 알아냈다. 어떤 종류는 메탄가스를 만들기도 하고 또한 그러한 환경 속에서도 살고 있기도 했다. 그래서 연구자들은 이들이 아마도 아주 옛날 지구 환경과 비슷한 조건에서 사는 미생물이라 생각하여 고세균(古細菌, archeabacteria)이라는 이름을 붙였다. 나중에 학자들은 이들 고세균에 대한 유전체 염기서열을 조사해보고 놀라움을 감추지 못했다.

　서로 비슷한 종의 생물들은 염기서열에서도 비슷한 점이 상당히 많이 나타난다. 그래서 염기서열의 비슷한 정도를 확인하여 같은 종(種)인지 아닌지 확인하는 것은 물론이고, 또는 이들이 부모와 자식 관계인지 확인하는 방법으로도 널리 이용하고 있다. 따라서 이러한 유전자를 이용한 확인 방법은 사고를 당한 사람의 신원이나 또는 잃어버린 자식을 확인하는 방법으로도 쓰이고, 사건의 범인을 찾아내는 수사 기법으로도 사용되고 있다. 이 방법은 흔히들 유전자 지문법이라고도 부르며 어려운 문제를 해결하는 방법으로 많이 활용된다.

　어쨌거나 요즈음 발전하는 생물학에서는 생물의 염기서열을 분석하고 그 결과를 활용하여 많은 어려운 문제를 풀어가고 있다. 그런데 학자들이 고세균의 염기서열을 확인해보니 고세균은 원핵생물인 세균이 가지고 있는 특징만이 아니라 진핵생물이 가지고 있는 유전자 특성도 함께 가지고 있었다. 도대체 이 결과는 무엇을 뜻하는 것인가? 간단히 한마디로 줄여서 말하자면 고세균은 마치 반인반수의 키메라 생물처럼 반은 원핵생물이고 반은 진핵생물인 상태라 할 수 있다. 어쩌면 이들 고세균은 원핵생물이 진핵생물로 진화할 때 두 종류의 생물 중간에 위치했던 생물일지 모른다는 해석까지도 가능하다. 분명하지는 않지만 다른 해석으로는 고세균이 원핵생물과 진핵생물로 분화하기 전의, 아주 오래된 생물 모습을 보여주는 것은 아닐까 생각해 볼 수 있다. 이러저러한 생각을 해보던 학자들은 고세균을 새로운 중간 생물체라고 생각하여 아키온 (Archaeon, 이는 단수 이름이고 복수 이름은 아카이아(Archaea)이다)이라 부르자고 제안했으며, 많은 사람들이 아키온이라는 이름을 따라 쓰고 있다. 요즈음은 생물을 분류하는 새로운 체계로 원핵생물과 아키온, 그리고 진핵생물로 분류하는 방법이 곧잘 이용되고 있다.

미생물은 여러 가지 면에서 생물과 다른 독특한 성질을 가지고 있다. 그래서 미생물을 일컬어 특수한 생명체라고 말하기도 한다. 물론 특수한 기능을 가진 미생물을 특별히 지칭할 때에도 특수 미생물이라 할 수 있다. 이를테면 특별한 발효 능력을 갖춘 미생물이거나 또는 공해물질을 분해하는 특별한 능력을 가진 미생물을 일컬어 '특수 기능 미생물'이라 부르기도 한다. 이들 미생물이 진균이거나 세균일 때에는 '특수 기능 진균'이나 '특수 기능 세균'이라고 보다 분명한 종류를 밝히기도 한다.

여러 종류의 미생물 가운데에서 아주 특별한 성질을 가진 한 종류가 있는데, 바이러스가 바로 그것이다. 많은 사람들이 '미생물은 모두가 그것이 그것'이라고 생각하는 경우가 많이 있다. 어차피 미생물은 보이지 않는 존재이니 굳이 까다롭게 구별할 것도 없고 또한 서로가 비슷한 일을 하는 것이 아니겠느냐고 생각하기 때문이다. 이렇게 생각하는 사람들에게는 진균과 세균이 바로 곰팡이와 박테리아(bacteria)와 같은 말이라는 것도 새롭거니와, 심지어는 박테리아와 바이러스가 같은 종류가 아니라는 사실도 더욱 생소하게 들릴 것이다.

이제까지 우리가 알고 있는 모든 생명체는 먹이를 먹고 이를 소화시켜 에너지를 만들어 생장과 운동을 하는 것은 물론 나중에는 짝을 찾아 수정을 하여 자신과 닮은 자손을 퍼뜨리며, 더 나아가 환경에 맞추어 살아가는 방법을 찾기 위해 변화도 마다하지 않는다. 이러한 모든 과정이 하나의 생명체가 살아가는 당연한 모습이다. 모든 생물은 물론이고 미생물까지도 하나의 생명체로서 이와 같은 삶의 모습을 보여주고 있다.

그런데 미생물 가운데 바이러스는 세균이나 곰팡이와 전혀 다른 모습을 보인다. 우선 바이러스는 먹이를 먹지 않는다. 먹지 않고도 살 수 있다니 매일매일, 그것도 하루에 세끼를 챙겨 먹어야 하는 우리에게는 꽤나 매력적인 이야기이기도 하다. 이렇게 바이러스는 먹지 않기 때문에 스스로 에너지를 만들지도 않으며 따라서 시간이 지나도 몸집이 커지지 않는다. 우리가 생각하기로는 먹지 않기에 자라지도 않는다는 것이 당연한 일이지만, 마치 굶주려 고생하는 어린아이 모습이 떠올라 안타까운 생각이 들기도 한다.

그래도 바이러스에서는 한 가지, 자신을 빼어 닮은 후손을 만들 수 있다는 점에서 생물의 특성이 엿보인다. 전혀 먹지도 않고 자손을 만든다는 것이 바이러스가 보통 생물들과 전혀 다른 점이다. 바이러스는 언제나 살아있는 생물 세포 안에 들어가야만 비로소 증식이 가능하다. 조금 더 자세히 말하자면 바이러스는 숙주세포가 가진 증식 기능을 이용해 자손을 만들어내도록 명령을 내리는 기생 생활을 한다. 어쨌거나 자신의 모습을 닮은 자손을 만든다는 점에서, 그리고 그 자손은 더욱 잘 살기 위해 변화할 수 있다는 점에서 하나의 미생물로 봐주기로 했다.

바이러스는 그야말로 생김새도 독특하다. 몸집이 커지지도 않고 스스로 운동하지도 않기 때문에 모습이 변할 필요도 없다. 그래서인지 바이러스 구성물질도 핵산과 단백질 분자로 되어 있다. 물론 숙주세포 안에 들어가지 않으면 증식도 할 수 없으므로 생물체를 벗어나서는 단순한 생물분자에 불과하다. 1935년에 맨 처음 바이러스를 결정화한 스탠리(Wendell M. Stanley)의 연구 결과를 보고 몇몇 학자들은 생물의 자연발생설을 되살릴 수 있는 불씨로 생각하였다는 사실이 결코 무리가 아니었다고 본다. 그만큼 바이러스는 생물과 무생물의 중간적인 특성을 보여주고 있다.

생물과 무생물의 차이는 어떤 것일까? 한국을 대표하는 세계적인 자동차 회사인 현대에서 생산하는 소형차, 중형차, 대형차가 있다. 이들 자동차들은 현대차의 이미지를 담고 있기에 서로가 비슷한 모습이고, 특히 앞모습이나 뒷모습은 서로 많이 닮아 있다. 공장에서 부품을 조립하여 여러 대가 한꺼번에 생산되는 자동차는 휘발유나 경유라는 연료를 먹고 힘을 얻어 이리저리 움직인다. 그런데도 사람들은 움직이는 자동차를 생명체로 보지는 않는다. 더욱이 뒷모습이 서로 닮은 자동차들이지만 소형차가 한 3년 움직이면 중형차로 바뀌거나 중형차가 한 3년 지나면 대형차로 바뀌지도 않는다. 그야말로 자동차는 무생물이므로 시간이 흐른다고 몸집을 불려 커질 수도 없다. 이것이 바로 생물과 무생물의 간단한 차이이다.

그렇다면 바이러스는 어떠할까? 바이러스가 증식할 때에는 세포라는 공장에서 핵산과 단백질이라는 부품을 만들고 이것이 조립되어 바이러스 입자가 대량으로 만들어져 세포 바깥으로 나간다. 모든 과정이 자동차 생산 과정과 비슷해 보이기는 하지만 바이러스는 자신의 후손을 스스로 선택해서 만든다는 것이 특징이다. 이렇게 바이러스는 생물과 무생물의 중간적인 존재이면서 부분적이기는 하더라도 생명체의 특성을 갖추고 있기에 생명체의 범주에 넣어주는 것이다. 그래서 바이러스는 생물과 무생물의 특징을 이야기할 때에는 언제든지 하나의 예로 설명되는 존재이며, '살아있는 유전물질'이라는 별명을 얻고 있다.

이제까지 몇 가지 특징을 간단히 설명한 바이러스는 그야말로 태생부터 특수한 존재이다. 그래서 사람들은 바이러스를 당연히 '특수 미생물'이라고 부른다. 우리가 알고 있는 미생물 가운데에는 여러 종류가 있지만, 이들 모두가 나름대로 독특한 성질을 갖고 있으며 그런 성질에 맞추어 독특한 생활을 하고 있다. 그런데 바이러스는 그 가운데에서도 아주 특수한 모습을 보여준다. 바이러스는 진핵생물은 물론 원핵생물의 종류에도 끼지 못하기에 생물의 분류 체계에서는 당연히 빠질 수밖에 없다. 그런데도 사람들은 바이러스를 미생물의 한 가족

으로 취급해주고 있다. 그것도 '특수한 미생물'이라는 이름을
붙여가면서 말이다. 그것은 아마도 바이러스가 워낙 독특한
성질을 갖추고 있으므로 미생물을 이해하자면 빼놓을 수 없는
존재이기 때문일 것이다. 어쨌거나 바이러스는 미생물 가문의
족보에 이상한 이름으로라도 한 식구로서 당당히 자리를 차지
하고 있다.

우리는 한 집안 식구 – 좋은 것과 나쁜 것

미생물의 집안에는 어떤 식구들이 살고 있을까? 보통 한 집안이라면 어른이신 할아버지와 할머니, 그리고 아버지와 어머니가 계시고 형과 누나, 동생들이 나와 함께 살고 있는 대가족을 생각할 수 있다. 미생물 집안은 서로서로 하는 일이 다르지만, 우리 눈으로 볼 수 없는 작은 크기라는 공통점을 가진 식구들이 모여 사는 집이라고 생각하면 된다. 이른바 혈연관계로 맺어진 가족이라기보다는 같은 생각을 가진 여러 사람이 모여 함께 살고 있는 농장이라고 보아도 좋겠다. 그래서 미생물 집안에는 생각보다 다양한 종류의 식구들이 모여 산다.

여름철에 호수나 강을 녹색으로 물들이는 조류(藻類, Algae)와 현미경으로 봐야만 겨우 보이는 원생동물, 장마철에 지하실같이 습기가 많은 곳에서 피어나는 곰팡이, 여러 가지 병을 일으키는 박테리아와 바이러스들, 이들 모두가 미생물이라는 커다란 집에 살고 있는 식구들이다. 여러 가지 미생물 가운데에서 박테리아(우리말로는 세균이라고도 한다)는 유일하게 원핵 생물로 구분된다. 그 이유는 몸 전체가 하나의 세포로 이루어진 세균이 다른 생물 세포들이 갖추고 있는 핵막과 몇 가지 작은 기관들을 갖고 있지 않기 때문이다. 세균이 핵막을 가지지 않았으니 핵도 없는 것이라고 생각할 수 있지만, 세균의 핵은 세균 세포 한 모퉁이에 흐트러져 있다고 보아야 한다. 그래서 언뜻 보면 세균이 다른 생물들보다도 많이 진화하지 못했다고 생각해서인지 사람들은 세균을 '원핵생물(原核生物, Prokaryote)'이라는 특별한 이름으로 부른다.

세균을 원핵생물이라고 부르면 사람들은 원생동물(原生動物, Protozoa)과 헷갈리기 쉽다. 두 종류는 글자 한 자만 차이가 날 뿐 서로가 비슷한 발음이기에 확실히 구별하기가 그리 쉽지 않다. 원생동물은 말 그대로 동물의 한 종류이지만, 크기가 아주 작아서 맨눈으로 볼 수가 없다. 그래서 원생동물도 미생물이라는 집안에 한 식구로 들어갈 자격이 있다. 원생동물을 현미경으로 좀 더 살펴보면 수많은 손발을 부지런히 움직이고 있다. 이렇게 원생동물은 운동 기관을 가지고 있어서 스스로 운동을 하는 단세포 생물이다. 원생동물에는 우리가 공부하면서 가끔씩 들어보았던 짚신벌레, 아메바, 종벌레 등이 포함된다. 이들은 대부분 바닷물이나 민물, 흙 속 또는 썩은 동식물의 몸에 기생하며 살고 있다. 이들의 몸은 한 개의 세포로 되어 있지만 무리를 지어 사는 것도 하나의 특징이다.

무리를 짓고 사는 것은 생물의 세계에서는 흔히 볼 수 있는 일이고, 미생물의 경우에는 더욱 그러하다. 미생물은 증식하기에 좋은 환경을 만나면 금세 증식하여 개체의 숫자를 불린다. 좋은 환경이 변하기 전에 얼른 증식하는 것이 미생물들의 삶의 전략이다. 그러기에 미생물은 높은 증식 능력으로 다른 생물과 승부를 겨룬다는 말이 더욱 실감나게 느껴진다. 날씨가 더워지는 여름철이면 어김없이 강이나 호수에 녹색을 띤 조류가 번성한다. 조류는 식물처럼 엽록소를 갖고 있어서 녹색을 띠고 여기에서 햇빛을 받아 양분을 만들며 살아간다. 물론 조류가 살아가는 데 필요한 영양분은 스스로 만드는 것 이외에도 주위로부터 충분히 받아들여야 한다는 조건이 갖추어져야 한다. 사람들은 조류가 번성하는 것을 보고 조류의 먹이가 되는 오염물질이 늘어난 것이라는 사실을 거꾸로 확인할 수 있다. 그래서 조류의 번성은 환경오염의 지표가 되기도 한다. 이러한 조류도 크기가 너무 작아 하나하나를 눈으로 확인하기 어렵다. 그래서 조류도 미생물의 한 식구가 된다.

세균을 박테리아라고 부를 때에는 바이러스와 비슷한 것이 아닐까 하는 생각이 머리를 스치고 지나간다. 박테리아와 바이러스가 분명히 미생물 집안의 한 식구이고 더욱이 발음조차 비슷하기 때문에 서로가 같은 종류가 아닌가 하는 생각에 빠져들기도 한다. 그러나 조금만 생각해 보면 바이러스는 박테리아와 달리 핵도 없고 세포막조차도 갖추고 있지 않다. 그야 말로 바이러스는 생물의 특징이라고는 전혀 찾아보기조차 어려운 단순한 분자들로만 구성되어 있다. 그래도 바이러스는 핵산 분자와 단백질 분자가 안정하게 합쳐져 자신만의 독특한 모습을 갖추고 있다. 어찌 보면 바이러스는 그야말로 생물과 무생물의 중간쯤 되는 것이 아닌가 생각하게 만든다. 더욱이 바이러스는 다른 미생물이나 생물처럼 먹이를 먹지도 않기 때문에 또한 소화시킬 만한 기관도 없으며, 더 나아가 몸집을 불리며 자라지도 않는다. 그럼에도 불구하고 바이러스는 자신과 똑같은 자손을 만들어낼 수 있고 또한 살아가면서 변화에 적응하거나 스스로 변화할 수도 있으므로 크게 보아 미생물의 한 종류로 끼워준다.

미생물 가운데 곰팡이와 박테리아(＝세균) 그리고 바이러스는 사람들에게 병을 일으키는 병원균으로 너무나 잘 알려져 있다. 병역 의무를 마친 거의 모든 대한민국 남자들의 발가락 틈에 생기는 무좀이나 피부에 나는 버짐 같은 병은 곰팡이가 원인이다. 그리고 물이나 음식을 통해 전염되는 장티푸스나 이질, 그리고 물고기나 어패류를 잘못 먹어 생기는 식중독 등은 박테리아에 의해 일어나는 병이다. 또한 바이러스는 감기와 독감뿐 아니라 간염과 에이즈의 원인이기도 하다. 그래서 미생물은 모두가 우리에게 병을 일으키는 병원균이고, 그러기에 미생물은 아주 나쁜 것들이라고 생각하는 경우가 많다.

분명히 미생물에 대한 이러한 설명이 전혀 틀린 것은 아니다. 그렇지만 모든 미생물이 다 나쁜 것은 아니고 경우에 따라서 좋은 것들도 많다는 것은 조금만 생각해 보면 누구나 금방 깨달을 수 있다. 우리가 매일 반찬으로 먹는 김치와 간장, 된장, 고추장 그리고 젓갈류는 모두 미생물이 만들어 준다. 빵을 부풀리는 '효모(酵母, yeast)'도 미생물의 일종이니 빵도 미생물이 만들어주는 것이다. 뿐만 아니라 요구르트와 치즈도 미생물이 만들어준다. 이렇게 맛 좋고 영양 많은 여러 가지 음식을 만들어주는 미생물은 우리에게 도움을 주는 것들이다. 그래서 이러한 미생물 종류를 특별히 '발효 미생물'이라 부른다.

발효 미생물처럼 우리에게 도움을 주는 미생물이 있는가 하면, 우리에게 병을 일으켜 해를 끼치는 '병원 미생물'도 있다. 이들 외에도 음식물을 상하게 하거나 여러 가지 유기물질을 썩히는 미생물도 있다. 생물의 몸을 구성하거나 생물이 만들어내는 물질은 모두가 탄소를 주성분으로 하는 탄소화합물인데, 이것을 유기물(有機物, organic compounds)이라고 한다. 음식물이 썩는 것은 우리 생활에 도움이 되지 않는다고 하여 우리는 이것을 부패(腐敗)라 한다. 그래서 음식물을 썩히는 미생물을 일컬어 '부패 미생물'이라고 한다.

한편 숲 속에서 쓰러진 나무나 마른풀이 썩는 것도 따지고 보면 식물의 유기물 성분이 썩는 것이다. 그런데 사람들은 식물이 분해되는 현상은 부패라 하지 않고 부후(腐朽)라 부르며 여기에 관여하는 미생물을 일컬어 '부후 미생물'이라고 부른다. 동물이건 식물이건 생물에서 비롯되는 유기물질은 미생물로 인해 분해된다. 식물 세포는 리그닌 성분을 가졌기에 동물 세포보다도 훨씬 단단하다. 따라서 단단한 식물 세포가 분해되는 데에는 세균보다도 곰팡이가 더 큰 역할을 한다. 식물 세포보다 상대적으로 연약한 동물 세포는 세균에 의해 쉽게 영향을 받는다. 미생물에 의한 분해 과정을 간단히 구분해보면 동물 세포는 세균 같은 부패 미생물에 의해 분해되고 식물 세포는 곰팡이 같은 부후 미생물에 의해 분해된다고 말할 수 있다. 그렇지만 앞서 말한 것처럼 부패나 부후 모두가 미생물에 의해 일어나는 분해과정인 것은 두말할 나위가 없다.

조금만 더 생각해 보자. 미생물이 우리에게 도움을 주느냐 그렇지 않느냐에 따라 우리는 미생물을 '이로운 미생물'과 '해로운 미생물'로 구분한다. 발효라는 미생물 작용은 분명히 우리에게 도움을 주는 것이다. 그러기에 우리는 발효 미생물이 우리에게 이로운 미생물이라고 말하는 데 주저하지 않는다. 발효와 반대되는 개념으로 부패를 꼽을 수 있는데, 쉽게 말해서 부패 미생물은 생물 분자, 즉 유기물질을 썩히는 작용을 한다. 그래서 언뜻 생각하면 부패 작용을 일으키는 부패 미생물은 당연히 우리에게 해로운 미생물이라고 생각하기 쉽다. 그런데 우리 생활 주변에서 볼 수 있는 쓰레기의 상당 부분이 유기물로 되어 있다. 예를 들자면 음식물 쓰레기는 거의 대부분이 유기물로 구성되었다. 자, 그렇다면 쓰레기를 분해하는 부패 미생물은 과연 우리에게 해로운 미생물이라고 해야 할까? 아마도 그렇게 생각하는 사람은 아무도 없을 것이다.

우리는 모든 미생물이 병원균이라고 단순하게 생각하기 쉽지만, 실제로 병을 일으키는 미생물은 전체 미생물 가운데 극히 일부분에 불과하다. 숫자로 헤아려 본다 하더라도 병원 미생물은 전체 미생물의 1%도 채 안 된다고 한다. 이와 마찬가지로 여러 종류의 미생물을 우리를 중심으로 '이로운 미생물'과 '해로운 미생물'로 나누는 구분 또한 항상 옳지는 않다. 경우에 따라서는 해로운 미생물도 돌려서 생각해보면 이로운 미생물이 될 수도 있기 때문이다. 그것은 아마도 미생물이라는 커다란 집에 여러 종류의 미생물 개체들이 모여 살면서 나름대로의 특성을 발휘해 서로 도우며 살기 때문일 것이다. 그러므로 눈에 보이지 않는 작은 미생물이라 해도 인간의 기준만 앞세워 그것들을 구분할 것이 아니라 미생물의 입장에서 한번쯤 돌려 생각해봄으로써 또 다른 의미를 느낄 수 있을 것이다.

그야말로 미생물 집안에는 여러 종류의 미생물들이 모여 살면서 갖가지 색다른 이야기를 들려주고 있다. 우리에게 병을 일으키는 나쁜 병원균도, 맛 좋은 음식을 만들어주는 발효 미생물도, 나무나 풀을 썩히는 부패 미생물도 모두가 나름대로 독특한 방식대로 살아간다. 여러 종류의 미생물이 어떤 조건에서 잘 살 수 있는가를 생각해 보면 미생물의 삶을 조금이나마 이해할 수 있을 것이다. 미생물의 삶은 우리가 살고 있는 모습보다도 훨씬 단순하다. 그리고 미생물은 꾀를 부리거나 거짓말을 하지도 않는다. 미생물이 살아가는 데 좋은 환경이면 열심히 숫자를 불려나가고, 나쁜 환경을 만나면 움츠러들거나 하다가 끝내 삶을 마감하기도 한다. 물론 미생물 가운데 에는 열악한 환경을 견뎌내려고 새로운 껍질을 만들어 뒤집어 쓰는 것도 있는가 하면, 살기 좋은 환경을 찾아 다른 곳으로 떠나가는 것들도 있다. 아무튼 여러 종류의 미생물들이 자신 이 살기에 가장 적당하다고 생각하는 방법을 마련하여 자신의 삶과 운명을 개척하고자 많은 노력을 기울이고 있다.

인간은 여러 가지 미생물들이 열심히 살아가는 모습을 보 고 그들의 생활을 이해하면서 우리 생활 속으로 미생물을 끌 어와 그들을 이용하고자 노력해 왔다. 수많은 미생물 가운데 어떤 것들은 우리에게 이로움을 주지만, 다른 것들은 해로움 을 끼치기도 한다. 된장과 간장, 고추장을 만들고, 김치를 익 게 하며, 술을 빚고, 빵을 부풀리고, 요구르트를 만들어주는 발효 미생물들은 모두가 우리에게 많은 도움을 주는 좋은 친 구들이다. 우리 조상들은 오래 전부터 미생물의 발효작용을 알고서 이들을 우리 생활에 이용해왔다. 이러한 것을 '생활의 지혜'라고 할 수 있다.

우리가 이용할 수 있는 미생물은 꼭 이로운 미생물이라고 하는 발효 미생물만이 아니다. 어떤 종류의 미생물이라 하더 라도 그들이 살아가는 모습을 제대로 이해할 수 있다면 얼마 든지 우리에게 도움이 되는 방향으로 이끌어 갈 수 있다. 예를 들자면, 우리는 여러 가지 병원균 종류를 알고 있고 이들 병원 균이 또한 미생물 식구라는 것까지도 알고 있다. 이렇게 병원 균도 당연히 미생물이므로 이들이 어디에서 무엇을 먹고 어떻게 사는 것인지를 정확히 알기만 한다면 이들이 살 수 있는 조건을 바꾸어 못살게 할 수 있다. 그렇게 하면 결과적으로 병을 막을 수 있다. 이와 마찬가지로 좋은 미생물에 대해서는 더욱 잘 살게 해주어 큰 도움을 얻을 수도 있다.

미생물 집안의 식구들이 좋은 일을 하거나 나쁜 일을 하거나 그것은 각각의 미생물이 나름대로 살아가는 방법들이다. 따라서 여러 가지 미생물들이 살아가는 방법을 우리가 배우고 연구하면 얼마든지 더 좋은 방향으로 이용할 수 있다. 해로운 병원균을 찾아내어 병을 막을 수도 있고, 발효 미생물을 더 많이 만들어 새로운 제품을 만들 수도 있다. 또한 특수한 미생물을 이용하여 새로운 약품을 만들어내고 환경을 해치는 오염물질을 더 쉽고 빠르게 분해할 수도 있다. 이렇게 미생물의 특수한 성질을 이용하는 새로운 방법을 생물공학(生物工學, Biotechnology) 또는 유전공학(遺傳工學, Genetic Engineering)이라고 부른다. 미생물들은 우리 눈에 보이지 않는 세상에 살고 있지만 우리와 함께 살면서 우리에게 없어서는 안 될 소중한 존재라는 사실이 요즈음에 이르러 실감나게 드러나고 있다. 작지만 커다란 미생물 집안에 모여 사는 여러 가지 미생물 식구들의 독특한 생활을 이해하고 이들과 이야기를 나누면서 보다 좋은 방법을 찾아 우리 생활을 풍족하게 가꾸는 것이 필요하다.

도대체 위생이란? – 화장실에서 물을 내린다

우리가 흔히 쓰는 말 가운데 위생(衛生, sanitation)이라는 단어가 있다. 위생은 우리 건강을 유지하고 또한 증진시키기 위해 질병을 예방하거나 치료에 힘쓰는 일을 말한다. 위생을 지키기 위해서는 우리가 살고 있는 생활 주변을 깨끗한 상태로 유지하고 관리해야 한다. 자신을 비롯하여 자신이 살고 있는 주변의 모든 것을 깨끗이 유지하기 위해서는 지저분한 것을 없애어 맑고 깨끗한 상태로 만들어야 하는데, 이렇게 깨끗한 상태를 청결(淸潔)한 상태라고 하며, 또한 이런 상태를 만드는 과정을 청소(淸掃)라고 할 수 있다. 청소는 그야말로 우리가 매일 하는 것처럼 주변을 깨끗이 쓸고 닦는 일이다.

우리 생활 주변을 위생적으로 유지하고 관리하는 것은 우리 몸이 병에 걸리지 않도록 막는 일과 통한다. 병은 우리가 잘 알다시피 병원 미생물이 우리 몸 안으로 들어와 증식함으로써 병을 일으키는 것이다. 따라서 우리가 병에 걸리지 않고자 한다면 병의 원인이 되는 미생물, 즉 병원균이 우리 몸에 들어오지 않도록 몸 바깥에서부터 막아주어야 한다. 그러나 큰 어려움을 뚫고 일단 몸 안으로 들어온 미생물이 있다면, 우리 몸이 이들을 면역 작용이라는 특별한 활동으로 제거한다. 이렇게 우리 몸은 외부에서 들어온 미생물을 제거하여 무균 상태를 유지하려는 노력을 기울이고 있다.

몸 안에서 일어나는 일은 우리 몸 스스로 해결한다 하더라도 몸 밖 세계는 워낙 공간이 넓고 커서 눈에 보이지도 않는 병원 미생물을 찾아 제거하기가 쉽지 않다. 그렇다고 미생물을 제거할 수 있는 방법이 전혀 없는 것은 아니다. 여러 가지 미생물들이 어떤 조건에서 살 수 있는지 알기만 하면 우리는 그러한 조건을 없애버리고, 그렇게 함으로써 미생물이 살지 못하고 죽거나 아니면 다른 곳으로 떠나가도록 만든다. 따라서 미생물이 어떤 조건에서 사는지 미생물의 생리를 이해하는 것이 위생의 첫걸음이 된다.

우리가 살아가는 데 필수적인 조건은 간단히 의·식·주(衣食住)로 요약할 수 있다. 미생물이 살기 위해서도 이와 마찬가지 조건을 필요로 한다. 사람이 살기 위해서는 우선 밥을 먹어 힘을 얻어야 하고, 옷을 입고 추위를 이기며, 일하고 쉴 수 있는 집을 마련해야 비로소 사람다운 생활을 할 수 있다. 미생물도 살기 위해서는 사람들이 식량을 구하는 것처럼 가장 먼저 먹이를 확보해야 한다. 미생물은 먹이를 먹고 소화시켜 힘을 얻어야 비로소 움직일 수 있고, 또 다시 움직여서 부지런히 먹이를 찾을 수 있다. 먹이로부터 얻어낸 힘으로 미생물이 운동하는 것은 물론 몸집을 키우고 넉넉한 마음으로 자손도 불려 나간다. 그렇기 때문에 미생물은 어쩌면 평생 동안 먹이만 찾아 헤매는 것처럼 보이기도 한다.

양분 섭취 다음으로 미생물에게 중요한 것은 사람의 옷과 집에 해당하는 조건을 확보하는 것이다. 미생물의 입장에서 볼 때에 사람에게 필요한 옷이나 집은 아예 갖고 있지도 않다. 그렇다면 옷과 집에 해당하는 것은 과연 무엇이라고 해야 하는가? 옷은 '제2의 피부'라고도 한다. 옷을 입지 않았던 원시 인류는 유인원처럼 온몸이 털로 덮여 있었다. 어떻게 해서든지 추위를 막아 따뜻하게 몸을 추슬러야 했기 때문이다. 그러다가 짐승을 사냥하여 굶주림을 해결한 후에는 남는 털가죽으로 옷을 만들어 입었을 것이다. 물론 옷만 아니라 비바람을 피할 수 있는 움막을 지어 살 수 있는 터전도 마련했을 것이다.

미생물은 아직까지는 사람들처럼 털가죽으로 옷을 지어 입지 않는다. 그러기에 미생물의 몸은 외부 환경에 그대로 노출되어 직접적인 영향을 받을 수밖에 없다. 고체, 액체, 기체라는 물질 상태 가운데에서 딱딱한 고체 상태에서는 어떤 미생물이라고 하더라도 자유롭게 살기는 힘들다. 그렇다면 액체와 기체 상태에서 미생물이 비교적 자유롭게 움직이며 살 수 있으리라 생각할 수 있지만, 미생물이 필요로 하는 먹이는 아무래도 기체 상태에서는 그리 많아 보이지 않는다. 액체는 여러 가지 물질들을 녹여 담을 수 있기 때문에 미생물이 찾는 먹이를 비교적 많이 포함할 수 있다. 그리고 미생물은 액체 상태에서는 그리 큰 힘을 들이지 않고도 먹이를 구할 수 있기 때문에 그 안에서 활발히 살고 있는 편이다. 그러므로 미생물이 사는 모습을 살펴보면 아무래도 액체 상태의 환경에서 더 많이 살고 있다.

미생물이 액체 상태의 환경에서 많이 살고 있다면, 외부 환경과 직접 접촉하는 미생물의 세포막은 액체와 직접 맞닿아있다고 볼 수 있다. 그러므로 세포막은 미생물에 있어서 사람들의 옷에 해당한다. 그러므로 세포막과 맞닿은 액체가 어떤 성질인가에 따라 미생물이 편히 살 수 있는가 그렇지 않은가가 결정된다고 할 수 있다. 액체는 대부분 물의 성질을 나타내는데, 물이 알칼리성인가 산성인가 아니면 그 중간인가에 따라 그 성질이 달라진다. 따라서 대부분의 미생물은 액체 성질을 결정하는 수소이온농도(pH), 즉 산성과 알칼리성에 민감하게 반응하고 중간적인 중성에서 여유 있는 생활을 할 수가 있다. 이렇게 미생물은 세포막이 바깥과 직접 맞닿기 때문에 바깥 환경인 액체의 수소이온농도 상태에 따라 민감하게 영향을 받으며 살 수밖에 없다.

한편 사람들이 살기 위해서는 식량과 옷 이외에도 비바람을 피할 수 있는 집이 필요하다. 미생물에게 필요한 집은 어떤 모습일까? 옷처럼 몸에 붙어서 외부 환경과 직접 맞닿은 것이 아니라면 자신을 포근히 감싸주고 편안히 쉴 수 있는 넓은 공간이 필요하다. 그런 면에서 미생물이 살 수 있는 집을 위한 조건으로는 아무래도 '온도'를 생각할 수밖에 없다. 미생물이 살고 있는 주변을 감싸고 있는 온도라는 조건은 분명히 외부와 직접 맞닿은 옷보다도 집이라는 공간에 더 어울린다. 이렇게 본다면 미생물의 의·식·주는 각각 수소이온농도·양분·온도가 될 것이며, 이들이야말로 미생물이 살아가는 데 가장 중요한 세 가지 조건이 될 것이다.

사람들이 살기 위해서 갖추어야 할 의식주처럼 미생물이 살기 위해서도 필요한 조건이 있다는 점을 이해한다면, 우리는 미생물을 잘 살게 할 수도 있고 못 살게 할 수도 있다. 미생물에게 필요한 조건을 제공해주면서 우리에게 도움을 주거나 필요한 물질을 만들어주는 미생물을 많이 키울 수 있을 뿐만 아니라, 이와 반대로 우리에게 해를 끼치는 미생물이라면 살지 못하게 막을 수도 있다. 예를 들자면 우리에게 해를 끼치는 병원 미생물은 어떻게 해서든지 증식을 억제해야 할 필요가 있다. 우리 주변을 깨끗이 유지하고 관리하는 것에는 이러한 병원 미생물이 증식하지 못하게 막고 더 나아가 우리 몸을 침범하지 못하도록 막으려는 뜻이 들어 있다. 위생이란 따지고 보면 해로운 미생물이 증식하지 못하게 막는 것이라고 하겠다.

우리 주변의 엄청나게 많은 미생물들 가운데에는 병을 일으키는 병원 미생물들도 있는데, 호흡기 질병이나 소화기 질병 등을 일으키는 병원균들이 그것이다. 호흡기 병원균은 주로 공기를 통해서 전파되고, 소화기 병원균은 물이나 음식물을 통해 전염된다. 특별히 물이나 음식물을 통해서 생기는 소화기 질병은 병원균이 만들어내는 독소 영향으로 식중독 증상을 많이 나타낸다. 대표적인 소화기 질병으로는 여름철에 많이 발생하는 장티푸스, 콜레라, 이질 등의 전염병이 있다. 이들 소화기 질병을 막기 위해서는 우리가 먹는 음식물을 장만하는 장소는 물론 조리하는 과정에서 특별한 주의를 기울이기 마련이고, 이러한 주의가 바로 '부엌의 위생'이라고 말할 수 있다.

우리는 매일 먹는 음식이 나쁜 미생물에 의해 상했는지 조사하기를 게을리 해서는 안 된다. 조심해야 할 것은 그것만이 아니다. 우리가 언제나 입고 있는 옷이 깨끗한 것인지도 살펴보아야 한다. 자기가 어떤 일을 하느냐에 따라 알맞게 편한 옷을 입기 마련이지만, 무엇보다도 중요한 것은 청결한 상태를 유지하고 있느냐의 여부이기 때문이다. 다시 말해 깨끗한 작업 환경에서 일하고 있는지 둘러보고 또한 깨끗한 옷을 입고 일을 하느냐 하는 점도 살펴보아야 한다는 뜻이다. 작업 환경과 옷이 깨끗하지 않다면 위생 상태가 좋지 않다는 뜻이며, 이것은 다시 우리 몸에 해로운 미생물이 침입할 수 있는 확률이 그만큼 높다는 것을 의미한다.

옷을 깨끗하게 빠는 것을 세탁(洗濯) 혹은 '빨래'라고도 하는데, 이는 때 묻은 옷이나 옷감을 물에 빠는 일을 뜻한다. 옷에 묻은 더러운 것을 통틀어 '때'라고 하고, 액체나 때가 옷에 묻은 것을 또한 '얼룩'이라고 한다. 따라서 빨래는 옷에 묻은 때나 얼룩을 물에 빨아 깨끗하게 만드는 것이라 할 수 있다. 그런데 옷을 빨면 때나 얼룩이 물에 의해서 쉽게 빠지기도 하지만, 많은 경우에는 잘 빠지지 않는다. 이러한 때에는 비누나 약품을 이용해서 빼주어야 한다. 비누는 지방산의 수용성 알칼리염으로 만든 것으로 때를 씻는 데 쓰는 세척제이다. 세척제 또는 세탁제를 줄여서 '세제'라 부르며, 이것은 비누와 같은 뜻으로 널리 쓰인다.

우리가 항상 입고 있는 옷은 처음 입었을 때에는 깨끗하지만 시간이 지나면 때가 타서 더러워지기 마련이다. 옷에 때나 얼룩을 만드는 것은 몸에서 흘러나오는 땀을 비롯하여 풀이나 혈액 또는 달걀과 같은 단백질 성분이 원인이 된다. 이러한 점에 착안하여 독일의 한 과학자는 20세기 초에 단백질 분해효소를 이용하여 단백질 성분의 때를 떼어보려는 실험을 하였다. 그 결과는 만족할 만하지는 않았으나 부분적으로는 약간의 효과가 있었다. 이러한 시도를 바탕으로 세제에 여러 종류의 효소를 첨가하려는 많은 시도가 있었지만, 효소를 첨가한 세제가 상업적으로 성공한 것은 1960년대가 조금 지나서부터였다.

아마도 맨 처음 미생물 효소를 이용한 세제는 덴마크의 노보(Novo)사가 생산한 알칼라제(Alkalase)일 것이다. 이 단백질 분해효소는 단백질이 만든 얼룩을 효과적으로 분해했으며, 다른 세탁 성분에 별다른 영향도 받지 않았다. 더욱이 이 세제는 높은 온도에서도 좋은 효과를 나타내므로 많은 사람들에게 인기를 얻게 되었다. 오늘날에는 미생물이 생산하는 여러 가지 효소를 첨가한 다양한 세제가 속속 생산되고 있어 이제는 꼭 단백질 성분의 얼룩만이 아니라 전분이 만드는 얼룩까지 효과적으로 제거할 수 있는 것까지 개발되었다. 우리나라에서도 최근에 이르러 효소를 첨가한 세제들이 많이 이용되고 있다.

효소를 첨가한 세제는 '생물학적인 세제'라고 할 수 있는데, 그 이유는 모든 생물들이 효소를 생리 대사 기구에서 필수적인 도구로 이용하고 있기 때문이다. 미생물도 생물처럼 물질 대사의 도구로서 효소를 이용하기는 마찬가지이다. 그래서 미생물이나 생물이 사용하는 효소는 모두가 단백질로 구성되어 있으며, 같은 생리적 작용을 하는 효소는 모두가 같은 종류의 효소이다. 따라서 산업적으로 이용하는 효소는 거의 대부분 미생물이 생산하는 효소를 활용한다. 그것은 미생물을 배양하는 과정이 생물 배양보다 훨씬 효과적이고, 또한 효소 정제도 쉽기 때문이다. 커다란 배양 용기에서 특별한 미생물을 대량으로 배양한 후에, 이들이 생산하는 효소를 다른 용도로 사용하기까지 여러 과정을 거치면서 순도 높은 상태로 정제한다. 경우에 따라서 효소는 유리구슬이나 플라스틱 또는 셀룰로오스(cellulose, 섬유소)같은 천연 섬유에 붙잡아두고 나중에 효소와 반응하는 기질을 첨가시켜 반응이 일어날 때까지 그대로 머물러 있게 하는 것이다. 이런 상태로 효소를 첨가시킨 세제를 상품으로 만들어 이용한다.

미생물 가운데에는 낮은 온도에서 사는 종류도 있다. 만약에 이들 저온 미생물을 배양하여 뽑아낸 효소를 첨가하여 만든 세제를 이용하면 낮은 온도에서도 효과적으로 빨래를 할 수 있다. 이른바 '저온 미생물 세제'를 이용하면 얼마든지 '찬물 빨래'도 가능해지는 것이다. 이제까지 빨래는 삶아 빠는 것이 가장 깨끗하다고만 생각해왔는데, 이제부터는 삶지 않아도 되고 그리고 겨울철 차가운 날씨에도 얼마든지 깨끗하게 빨래를 할 수 있는 방법이 세제의 발전으로 가능하게 된 것이다.

미생물 세제를 이용함으로써 얻을 수 있는 효과는 깨끗한 빨래와 찬물 빨래만이 아니다. 좋은 세제를 이용하여 빨래하면 옷감의 올 사이사이에 갇힌 여러 가지 입자들을 제거하여 옷감을 부드럽게 해준다. 또한 반복적으로 세탁하면 굵은 올에서 갈라져 나온 아주 가느다란 올을 제거해 주므로 거칠게 느껴지는 면직물이라도 부드러운 촉감을 느끼게 하고 원래의 색상을 드러내주는 것이 또 다른 세탁 효과라고 할 수 있다. 이렇게 미생물 효소를 이용한 세제는 단순한 세탁 기능만 높여주는 것이 아니라 옷의 아름다움과 우아함까지 돋보이게 해준다. 그래서 더 좋은 세제를 만들어 쓰는 것이 우리 생활에 더 큰 도움을 주는 것이라는 사실을 알 수 있다.

미생물에 있어서 사람이 살아가는 데 필요한 조건인 주(住)에 해당하는 것은 온도 조건이라 할 수 있다. 미생물이 편히 살기 위해서는 분명히 적당한 온도가 필수적이다. 높은 온도도 아니고 낮은 온도도 아닌 중간 정도의 적당한 온도에서 잘 자라는 미생물은 그 종류가 대단히 많다. 사람이 살아가기에 좋은 주거 환경은 비교적 넓고 쾌적한 상태가 갖추어진 곳이다. 쾌적한 조건이 갖추어진 공간이라 하더라도 너무 많은 사람들이 모여 살게 되면 쾌적한 상태가 점점 변하여 불결한 상태로 바뀔 수 있다. 이렇게 불결한 상태로 바뀌면 이곳의 환경은 비위생적으로 변하기 마련이다.

사람이 너무 많이 모여 있는 곳에서는 답답함을 느끼게 된다. 이러한 공간 조건도 따지고 보면 미생물과도 깊은 관련이 있다. 사람들이 많이 모인 곳에서는 시원한 공기가 넉넉히 공급되지 않아 답답함을 느끼고, 먼지도 점점 많아질 뿐만 아니라 공기와 함께 돌아다니는 미생물도 더 많아지는 것은 당연한 결과이다. 그러다 보면 우리에게 병을 일으키는 미생물도 함께 많아져 경우에 따라서는 위험을 가져오기도 한다. 감기나 독감처럼 호흡기를 파고드는 질병은 이처럼 많은 사람들과 접촉하는 가운데 감염되는 경우가 많다. 그렇기 때문에 이러한 전염병이 돌 때 되도록 바깥나들이를 삼가고, 집에 돌아오면 손을 씻고 양치도 하는 것들은 모두 병원 미생물을 제거하려는 것이다. 무엇보다도 집안을 깨끗이 청소하고 위생적인 공간으로 가꾸어 유지하는 것이 대단히 중요하다.

옛날부터 사람들이 주거 공간에서 가장 중요하게 생각했던 것은 신선한 공기가 통하고 자연광이 충분히 비치는가의 여부였다. 그러다 보니 자연스럽게 남향으로 집을 짓고 동향으로 대문을 세우며 방문과 창문은 크게 해서 햇빛이 더 많이 들어오도록 꾸몄다. 그래서인지 사람들은 햇빛이 많이 비치는 땅 위에 집을 짓고 살고 있다. 이에 비해서 미생물들은 어둡고 습기가 많은 곳을 더 좋아한다. 그래서인지 많은 미생물들이 지하실이나 지하철, 그리고 지하상가에 많이 모여 살고 있다.

지하실은 일반적으로 어둡고 무서운 곳이라는 생각이 들기 마련이다. 금방이라도 쥐가 튀어나올 것만 같고, 고약한 냄새가 풍기는 것만 같다. 실제로 여름 장마철에 지하 공간에서는 햇빛이 적고 습기도 많아서 곰팡이도 많이 피어 해로운 독소를 분비하여 사람들에게 피해를 주기도 한다. 따라서 하루 중에 거의 대부분의 시간을 지하상가나 지하철에서 일하는 사람들에게는 알게 모르게 미생물들이 심각한 영향을 줄 수도 있다. 그러므로 그러한 사람들에게는 어떻게 해서든지 지상과 같은 생활 조건을 만들어주어야 한다. 신선한 공기를 충분히 넣어주고, 밝은 조명을 갖추어주어야 하며, 정기적으로 미생물의 서식 상태를 조사하여 필요할 때마다 제거해야 한다. 특히 지하 공간에 공기 순환이 충분하지 않으면 먼지가 쌓이고 그와 함께 미생물도 많아진다. 물론 진드기를 비롯하여 바퀴벌레, 모기 따위의 곤충도 많아진다. 그러므로 지하에서 생활하는 사람들은 특별히 주위 환경을 깨끗이 가꾸며 항상 위생적으로 처리하여 자신의 건강을 돌보는 데 부족함이 없도록 주의해야 한다.

살균과 멸균 그리고 소독 – 수돗물의 염소소독

살균(殺菌, sterilization)은 약품이나 열 따위로 미생물을 죽이는 것을 말하며, 일반적으로 멸균(滅菌, sterilization)과 같은 뜻으로 쓰인다. 미생물은 종류에 따라 살균 작용에 대한 반응이 조금씩 다르고, 특정한 요인에 대해서는 특징적인 저항성을 나타내기도 한다. 살균과 멸균이라는 말은 서로 비슷한 뜻으로 쓰이지만, 경우에 따라서는 약간의 차이가 있는 것처럼 구분해서 쓰기도 한다. 이를테면 멸균이라는 단어를 골라 쓸 때에는 특별한 방법으로 살아 있는 미생물 집단 전체를 제거하거나 처리하는 과정을 일컫는다. 미생물의 생존에 치명적으로 작용하는 물리 또는 화학적인 방법을 이용하여 미생물 전부나 또는 특정한 미생물을 골라내어 선택적으로 제거할 수 있다. 어떤 경우에든지 멸균 처리가 된 것은 외부와 통하지 않을 때까지는 멸균 상태를 그대로 유지할 수 있다.

물리적인 멸균 방법으로 가장 널리 쓰이는 것이 바로 열처리이다. 실험실에서 많이 쓰는 유리 제품이나 금속 제품은 170℃ 이상에서 두 시간 정도 처리하면 멸균된다. 그러므로 열에 비교적 약한 플라스틱 제품 등은 물에 넣고 끓이는 방법을 이용한다. 그런데 미생물 가운데에는 두꺼운 껍질을 뒤집어쓰고 열에 견디는 종류들이 있다. 물이 끓으면 대부분의 미생물이 죽어버리지만, 열에 견디는 미생물들은 물이 식고 난 다음에 다시 껍질을 벗어버리고 증식하는 종류들로, 내생포자를 만드는 것들이다. 내생포자를 만드는 미생물을 죽이기 위해서는 하루에 30분씩 3일 동안 끓이는 간헐멸균법(intermittent sterilization)을 이용한다.

음식물이나 미생물 배양액을 멸균하고자 사흘 동안이나 반복해서 열처리하는 것은 오랜 시간이 걸리고 때로는 잊어버릴 수도 있다. 그래서 생각해낸 방법이 바로 고압멸균기(autoclave)를 이용하는 것이다. 이 방법은 가정에서 널리 사용하는 압력솥과 같은 원리를 이용한다. 고압멸균기의 포화된 수증기 압력에서 121℃로 15분 동안 열을 가해주면 미생물은 물론 두꺼운 껍질을 뒤집어쓴 내생포자까지도 효과적으로 죽일 수 있다. 그런데 열처리로 영양분이 파괴되는 식품이나 곡물에 대해서는 자외선이나 X 선을 이용하는 방법도 사용한다.

한 가지 흥미로운 살균법으로 저온살균법이 있다. 일반적으로 우리 생활 속에서 말하는 저온은 영하의 추운 온도이거나 아니면 적어도 4~5℃쯤 되는 냉장고 안 온도를 뜻한다. 그런데 저온살균법에서 이용하는 온도는 냉장 온도나 냉동 온도가 아니라 그보다는 훨씬 높지만 물이 끓는 온도보다는 다소 낮은 60~70℃ 정도를 말한다. 이 정도의 온도에서 몇 분 정도 열처리하는 방법이 바로 저온살균법이다.

물이 끓는 온도인 100℃에서는 단백질 성분이 변하므로 모든 생물들이 꼼짝없이 죽게 된다. 그리고 이때에는 음식물 속에 들어있는 단백질 성분도 함께 변하므로 식품 안에 들어있는 영양분이 파괴되거나 또는 식품 가치가 떨어질 수 있다. 그러나 우리가 음식물을 살균하는 것은 우리에게 해를 주는 병원 미생물을 중점적으로 제거하기 위해서이다. 그러므로 음식물을 굳이 끓여가면서까지 영양분을 줄이는 것보다는 그보다 낮은 온도에서 해로운 병원 미생물만 충분히 제거하고자 저온살균법을 이용한다. 대부분의 병원 미생물은 우리 몸 온도에서 잘 번식하는 중온균이기 때문에 저온살균법의 온도에서도 충분한 살균 효과를 얻을 수 있다.

저온살균법(pasteurization)이라는 말은 미생물학의 아버지라 일컫는 루이 파스퇴르(Louis Pasteur)의 이름에서 비롯되었다. 파스퇴르가 바로 저온살균법을 고안해냈기 때문에 그의 이름을 따와서 붙인 것이다. 물론 원래의 단어를 그대로 풀이한다면 '파스퇴르 방법' 또는 '파스퇴르 살균법'이라고 해야 되겠지만, 물이 끓는 온도보다 낮은 온도에서 살균하는 사실을 강

조하여 저온살균법이라는 말로 더 많이 쓰고 있다. 파스퇴르는 포도주 부패를 막기 위해 이 방법을 맨 처음으로 찾아냈지만, 요즈음에는 포도주는 물론 우유를 비롯한 여러 가지 식품의 살균법으로 널리 쓰이고 있다.

서양 사람들이 좋아하는 케이크는 주로 차가운 상태로 먹지만, 우리가 만든 떡은 뜨끈뜨끈할 때 먹어야 더 맛이 있다. 시간이 지나 식은 떡도 다시 데워서 따뜻하게 먹어야 제 맛이다. 또한 따뜻하게 만든 떡은 되도록 오랫동안 식지 않게 보관하고 먹는 경우가 더 많다. 예를 들자면 전기밥솥에서 지은 밥을 보온 상태로 따뜻하게 놓아두고 덜어먹는다. 이처럼 떡도 온장고라는 기구에 넣어두고 따뜻한 채로 먹는다. 이렇게 온장고에 넣어두고 먹는 떡을 상품으로 판매한다면 그것이 가능한 일일까? 물론 우리나라에서야 얼마든지 가능한 일이지만, 우리와 다른 미국이라는 나라에서는 과연 가능한 일일까?

미국에서는 온장고에 넣어두는 식품 저장을 잘 이해하지 못한다. 온장 보관이라면 미생물이 번식할 수 있는 온도 조건이라 생각하여 식품이 변질된다고 생각하기 때문이다. 그래서 미국에서는 한국에서 건너간 할머니들이 만든 떡을 온장고에 넣고 판매하는 것을 한동안 허용하지 않았다. 그러다가 최근에 이르러서야 그것이 하나의 문화 상품이라는 것을 이해하고 따뜻하게 보관하면서 판매하는 것을 허용했다고 한다. 우리 음식은 분명히 어떤 면에서는 하나의 문화 상품이라고 할 수 있다. 우리나라 도시락 업체에서 판매하는 식사에서 보온 용기에 담은 국을 함께 넣어주는 것만 보아도 더욱 그렇다.

따끈따끈하게 보온시킨 음식은 어찌 보면 저온살균 효과가 있다고 볼 수 있다. 떡집에서 떡을 쪄낼 때에도 갓 쪄낸 떡을 식기 전에 얼른 다른 그릇으로 옮겨 담는다. 물론 오래된 경험에서 비롯된 것이기에 가능한 일이라고 할지 모르지만, 뜨끈뜨끈한 떡을 잽싸게 다루는 솜씨가 가히 일품이라고 느끼는 것을 넘어서, 더 깊은 내용이 그 안에 숨어있는 듯하다. 떡을 찌는 것은 분명히 뜨거운 증기를 이용한 것이지만, 그렇다고 끓는 물과 같은 정도로 뜨거운 것은 아니다. 왜냐하면 떡을 잽싸게 다루는 손놀림에는 결코 주저함이 없지만, 끓는 물에 손을 집어넣으려는 사람은 한 사람도 없기 때문이다. 다시 말해 떡을 쪄낸 증기가 끓는 물 온도보다는 분명히 낮기 때문에 사람의 잽싼 손놀림이 가능하다고 보는 것이다.

그렇다면 뜨끈뜨끈한 떡의 온도는 과연 몇 도나 될까? 사람이 잽싸게 만져서 데이지 않을 정도이면서 뜨겁다고 느낄 정도이니 높으면 70~80℃쯤이고 낮으면 50~60℃쯤은 될 것이다. 이런 정도의 온도에서는 중온균이 제대로 살기 어려운 온도이니, 그 온도로는 분명히 살균 효과를 기대할 만하다. 이를 조금 돌려서 생각해보면 우유를 살균하는 저온살균 온도와 대동소이할 것이다. 이렇게 생각해보면 떡이라는 우리 음식은 끓는 물에 삶는 것이 아니라 푹푹 증기에 찐 것이므로 저온살균 효과를 충분히 활용한 음식이라고 생각해도 무리가 없다고 본다. 일부러 그런 것은 분명히 아닐지라도 뜨끈뜨끈한 온도에서 증기로 떡을 찐 것도 따지고 보면 삶의 지혜의 하나라고 생각해볼 만하다.

미생물이 살지 못하게 하기 위해서 대사과정을 영구적으로 손상시키는 물질을 살균제라고 한다. 살균제를 처리하면 미생물의 대사과정이 파괴되어 죽게 되는데, 살균제를 제거한다 하더라도 파괴된 미생물의 대사과정이 다시 회복되어 죽은 미생물이 살아나지는 않는다. 이렇게 살균제를 뿌려 미생물을 죽이는 것을 특별히 소독(消毒, disinfection)이라고 부른다. 소독이라는 말은 특별히 감염 가능성을 가진 병원 미생물을 중점적으로 불활성화시킨다는 뜻으로 널리 쓰이고 있으므로 멸균이라는 말과는 약간의 거리감이 있다. 물론 병원 미생물을 죽인다는 뜻으로 보면 소독이라는 말은 오히려 살균이라는 말과 좀 더 가깝다고 하겠다. 소독약은 소독제라고도 하며, 중금속이나 할로겐 화합물을 포함하고 있다. 대표적인 소독약으로는 알코올을 비롯하여 페놀화합물인 석탄산, 크레졸이나 요오드, 붕산, 승홍, 포르말린, 차아염소산 따위가 있다.

알코올은 이미 널리 알려진 소독약의 하나이다. 알코올의 종류에도 여러 종류가 있는데, 소독제로 쓰는 알코올은 탄소가 두 개인 에틸알코올(C_2H_5OH)이다. 같은 알코올 종류라고 하더라도 탄소가 하나인 메틸알코올(CH_3OH)을 쓰다가 이것이 혹시나 우리 몸 안으로 들어가기라도 한다면 치명적인 독소로 작용한다. 에틸알코올은 우리가 마시는 술과 같은 성분이다. 그래서 에틸알코올은 우리가 안심하고 소독약으로 이용한다. 그런데 소독약으로 쓰는 에틸알코올은 100% 무수알코올이 아니라 약 70% 농도로 희석해서 사용한다. 병원에 가서 주사를 맞기 전에 간호사는 주사 놓을 자리를 알코올 묻힌 약솜으로 쓱쓱 문지른다. 알코올은 삼투능력이 있으므로 혹시라도 피부에 붙어있는 미생물 표면의 막을 뚫고 들어가 단백질을 응고시켜 죽여 버린다. 이때에 100% 농도의 무수알코올을 쓰면 미생물 표면과 단백질을 한꺼번에 응고시켜 버리기에 알코올 분자가 미생물 내부로 들어갈 수가 없다. 따라서 알코올의 삼투능력을 유지시켜 안으로 들어가 작용하도록 25~30%의 물을 섞어 사용한다.

한편 우리가 매일 이용하는 수돗물도 역시 각 가정으로 보내기 전에 소독해서 공급한다. 이 과정을 상수처리라 부른다. 상수처리에서 완전히 수돗물을 살균하기란 매우 어려운 일이며 경우에 따라서는 꼭 필요한 것도 아니다. 일반적으로 상수처리에서 쓰이는 소독은 일정 기간 동안만 유효하므로 처리된 상수라 하더라도 시간이 지나면 다시 오염될 수도 있다. 상수처리에서 사용하는 소독 방법은 효과적이면서도 값이 싸야 하고 무엇보다도 이용자들에게 해가 없어야 한다. 이와 함께 더욱 중요한 점은 병원 미생물에 대해서는 치명적이어야 한다는 것이다. 이러한 조건을 거의 만족시키는 소독제로는 염소와 오존이 꼽힌다. 소독제로 가장 많이 쓰고 있는 염소는 가격이 싸고 운반이 쉬우므로 상수는 물론 하수처리장에서 주로 쓰인다. 이와 같이 염소소독은 간편하고 경제적이라는 장점 때문에 이미 100여 년 전부터 지금까지 이용하고 있다. 수돗물에서 가끔 냄새가 난다고 느끼는 것은 바로 상수처리 과정에서 염소소독을 거치기 때문이다.

염소와 함께 소독약으로 널리 쓰고 있는 오존은 강력한 산화력을 가지고, 염소화합물처럼 발암물질인 트리할로메탄(trihalomethane, THM)을 만들지 않고 불쾌한 맛과 냄새를 내는 염화페놀을 생산하지 않는다는 장점을 갖고 있다. 그러므로 유기 오염물질에 노출된 식수 소독에 효과적으로 이용한다. 또한 처리장소에서 생산하여 바로 이용할 수 있다는 장점을 보인다. 그렇지만 오존은 생산비가 비싸고, 소독 효과를 오랫동안 유지하기 어려우며 또한 한 번 처리했더라도 다시 오염되면 재처리해야 한다는 단점이 있다. 이 외에도 물의 정화를 위해 요오드나 과망간산염이 소독제로 이용되고 있다. 이와 같이 상수 소독제로 이용하는 몇 가지 약품들이 있지만, 그 가운데에서 가격이 싼 염소와 요오드가 상수 소독에 적당하고, 오존과 과망간산염은 비교적 소규모 상수시설에 적합하다.

동양과 서양에서 음식물을 보존하는 방법을 살펴보면 약간의 차이가 있음을 느낄 수 있다. 한 가지 예를 들어보자. 1964년에 스코틀랜드 애버딘에서 살모넬라균(*Salmonella typhi*)에 의한 장티푸스가 발생하여 많은 사람들이 피해를 입었던 사건이 있었다. 후에 아르헨티나 공장에서 생산한 쇠고기 통조림에서 그 원인을 찾을 수 있었다. 이 통조림은 완전히 봉해지지 않은 채 냉각수조에 들어갔는데, 냉각수는 우연히 장티푸스균에 오염되었고 통조림 온도가 내려가면서 오염된 물이 통조림 안으로 빨려 들어간 것이다. 음식물이 병원균에 오염되는 일은 어쩌다 일어나는 것이라 할 수 있지만, 여기에서 우리는 음식물을 보관하는 과정의 차이를 비교해 볼 수 있다.

쇠고기를 오랫동안 보관하기 위한 방법으로 아마도 우리는 우선 말리는 방법을 생각할 것이다. 말리는 방법은 가장 간단하면서도 비교적 확실한 방법이기에 오래 전부터 지금까지 널리 이용되고 있다. 몽고제국을 건설한 칭기즈칸이 유럽을 정복할 때에도 간편한 식량으로 말린 고기를 이용했다고 한다. 더욱이 우리나라 식품 가운데 말린 오징어나 무말랭이는 그야말로 대표적인 말린 식품이 아닌가. 이렇게 동양은 물론 우리나라에서는 고기를 비롯한 여러 가지 식품을 오래 보관하는 방법으로 말리는 방법을 이용했다는 사실을 알 수 있다.

서양에서 개발한 통조림은 식품을 깡통에 넣고 열을 가해 살균한 다음에 오염되지 않도록 뚜껑을 덮어 밀봉하는 방법이다. 여기서는 미생물을 철저히 살균하고 그러한 상태를 오래도록 유지시키려는 의도가 깔려 있다. 간단히 말해서 살균이라는 과정이 처리 방법으로 이용된 것이다. 또한 서양에서는 여러 종류의 식품을 보관하는 대표적인 방법으로 냉장고나 냉동고를 이용한다. 이는 식품의 형태나 영양이 변하지 않도록 하며 오랫동안 보관하는 방법으로 가장 널리 쓰이는 방법이다. 물론 냉장 보관 방법은 냉장 기술이 확립된 이후에 쓸 수 있는 것으로 그 이전에는 지하 저장고를 이용하는 방법이 많이 쓰였다. 겨울철에 김장김치를 항아리에 담아 땅에 묻는 것도 공기 중에 그대로 놓아두면 빨리 상하기 때문에 온도 변화가 적은 땅의 저온을 이용한 것이다.

우리나라에서도 각 가정에서 냉장고를 널리 이용하고 있다. 경제력이 커지고 생활이 바뀌면서 어느 집이고 냉장고는 필수적인 품목이 되어버렸다. 그래서 식품을 보관하는 데에는 냉장고를 활용하는 의존도가 그만큼 높아졌다. 그런데도 겨울을 넘기도록 장기간 식품을 보관하거나 또는 커다란 부피를 자그마하게 줄여서 보관하려면 아직도 전통적이라고 할 수 있는 말리는 방법을 이용하고 있다.

고기나 물고기 또는 채소를 말려 보관하면 식품의 형태는 다소 변하더라도 부피와 무게를 많이 줄여 보관하는 데 매우 효과적이다. 물론 말리는 방법은 미생물의 번식을 억제하는 효과가 있기 때문에 가능하다. 이렇게 식품을 말리는 건조 방법은 미생물을 철저히 죽이는 살균에 비해서 미생물로 하여금 살기에 좋은 다른 곳으로 옮겨가도록 유도하는 의도가 들어있다. 따라서 살균 방법이 직접적이고 적극적이며 철저한 것이라면 이에 비해서 건조 방법은 간접적이면서도 은유적이며 부드러운 방법이라고 말할 수 있다.

미생물에 대해서 동양과 서양에서 생각하는 차이점은 어쩌면 사람들의 삶의 방식에 따라 나타난 결과라고 말할 수 있다. 좋고 나쁜 것을 확실히 구별하여 나쁜 것은 철저히 박멸하는 것이 쉬운 방법이기는 하지만, 생물이 살고 있는 세계에서는 모든 일을 그렇게 간단히 구분하기 어려운 경우가 많다. 그래서 우리가 많이 이용하는 건조 방법을 보면 마치 미생물에게 '여기는 네가 살기에 좋은 곳이 아니니 다른 곳으로 옮겨가 살아라'라며 부탁하는 듯한 느낌을 받게 된다. 한두 가지 예만 들면서 동양과 서양에서 위생에 대한 생각의 차이를 구분하는 것이 반드시 옳다고 하기에는 무리가 있을 것이다. 그렇지만 그러한 생활 방식 가운데에서 동양과 서양 사람들이 위생을 보는 관점이나 생각의 차이를 살펴볼 수 있는 작은 단서를 얻을 수 있는 것이라 생각할 수 있겠다.

따지고 보면 이 세상은 생명이 있는 모든 것들에게 공평한 삶의 기회를 준 것이 아니겠는가. 비록 제한된 작은 공간에서 실시하는 살균 방법처럼 미생물 침입을 철저히 막고자 한다면 얼마든지 가능하기는 하다. 그렇지만 그러한 상태를 오랫동안 유지하기 위해서는 항상 끊임없는 노력을 기울여야 한다는 것이 오히려 피곤할 것이라는 생각이 언뜻 떠오른다. 이에 비해서 건조 방법은 미생물 스스로 보고 느낀 다음에 삶의 태도를 결정하라는 것처럼 보이기에 이것이 오히려 간단하면서도 효과적인 방법일 것이다. 이처럼 우리 생활 주변에서 일어나는 일을 보고 조금만 생각해보면 우리 생활이 자연과 환경에 친화적이라는 생각이 든다. 이와 비슷한 사례는 여기저기서 찾아볼 수 있다.

부엌에서 무균이 가능한가? – 항균제품과 미생물

근래에 이르러 우리나라는 여러 분야에서 우리 스스로도 놀랄 만큼 대단한 발전을 이룩하였다. 이러한 발전을 바탕으로 우리나라는 이전과 달리 세계 속에서 상당히 큰 역할을 맡고 있다. 세계가 주목하고 있는 경제 성장을 바탕으로 다른 나라와 교역이 활발히 이루어지고 있으며, 이에 발맞추어 우리나라 사람들이 다른 나라로 나가는 일도 많아졌고, 또한 외국 사람들이 우리나라로 들어오는 경우도 그만큼 많아졌다.

사람들이 직접 오고가는 것 이외에도 형체가 보이지 않는 자본과 기술, 그리고 정보들은 수시로 움직이고 있다. 그렇지만 세계 각 나라의 고유한 문화는 자신이 직접 겪어 보지 않고서는 제대로 이해하기가 힘들다. 그래서인지 발달한 교통수

단을 이용해 직접 확인해보고자 다른 문화를 맛보려는 사람들의 발걸음이 해마다 늘고 있다. 한반도 아래쪽에 고립된 것처럼 보이는 우리나라에도 많은 외국인들이 찾아와 우리 문화를 둘러보고 있다.

외국인들이 우리 문화를 체험하기 위해 둘러보는 곳은 어떤 곳일까? 물론 유명한 관광지를 비롯하여 이름난 문화 유적지 또는 지나간 역사를 살필 수 있는 장소일 것이다. 그런데 그들 가운데에는 우리 삶의 문화와 흔적을 둘러볼 수 있는 장소로 안내해달라는 부탁을 하는 사람도 있다. 이를테면 우리 재래시장이나 5일장 같은 곳을 보자는 것이다. 우선 북적거리는 사람들 틈새에서 이루어지고 있는 생생한 삶의 모습을 느껴보고, 또 한편으로 물건을 사고파는 거래 현장에서 우러나오는 삶의 냄새를 맡아보려는 뜻에서이다.

우리 문화를 직접 체험해보고자 시장을 찾는 사람들은 시장에서 물건을 사고파는 모습을 보면서 그 속에서 우리 문화의 한 면을 이해하고자 노력하는 사람들이다. 그런데 우연히 시장에 들렀다가 생각지도 못한 모습을 보게 된 사람들은 그것을 우리 문화의 한 면이라고 이해하기보다는 자기 생각을 바탕으로 판단하여 흉측하다거나 혐오스럽게 생각해버리는 경우가 많다. 이를테면 개고기 음식문화에 대한 반응이 대표적인 하나의 예가 될 것이다. 물론 우리 문화라고 해서 모든 것이 훌륭하고 좋은 것만은 아니다. 필요에 따라서는 변화하고 개선해야 할 부분도 있기 때문이다.

우리가 매일 먹는 식품은 서양 사람들도 관심을 갖고 지켜보는 부분이다. 시장에 나와 있는 식품 중에는 포장된 것도 있지만, 대부분의 채소나 과일은 제 모습을 보여주고 있다. 생선과 고기도 가공되지 않은 채 있는 그대로의 모습을 보여주는 경우가 많다. 물론 생선은 얼음 위에 올려놓고, 고기는 냉장고 안에 넣어두거나 하여 나름대로 안전한 위생 상태를 유지하고 있다. 다만 곡식은 있는 그대로 피라미드처럼 쌓아두는데, 건어물 또한 곡식과 마찬가지로 붕긋하게 쌓아둔다.

시장에서 미역과 김은 물론 새우, 멸치, 오징어, 명태, 굴비 등은 대부분 말린 상태 그대로 상품으로 팔고 있다. 이러한 건어물의 진열 모습을 보고 어떤 외국인들은 비위생적이라고 눈살을 찌푸리거나 심지어는 코를 막기까지 한다. 이러한 건어물 진열 모습은 따지고 보면 우리 문화가 생기면서부터 전해 내려온 방법이라고 할 수 있다. 그리고 그런 식품을 장에서 사다가 조리해 먹어도 별로 탈이 나지 않았다. 그런데도 이러한 건어물이 외국인의 눈에는 마치 대단히 비위생적인 것처럼 보여서, 그러한 음식을 먹으면 병에라도 걸린다고 생각하는 모양이다. 그래서 우리가 보기에도 그들이 마치 호들갑을 떠는 것처럼 생각된다.

우리는 그야말로 수천 년 동안이나 건어물을 만들었고 이를 재료로 음식을 만들어 먹었어도 아무런 탈이 없었다. 그런데도 요즈음 많은 사람들이 생각하기로는 제대로 포장하지 않는 식품은 비위생적일 것이라고 믿는다. 그래서인지 백화점 식품매장이나 대형 매장에서 파는 식품은 하나하나 포장해서 판매하고 있다. 아니, 매장에서 먼저 그렇게 낱낱이 포장해 팔았기 때문에 사람들은 그러한 포장만이 위생적이라고 생각하는 것일 수도 있다. 그렇다면 우리는 도대체 언제부터 위생에 대한 생각이 서양 사람들처럼 변한 것일까?

실제로 새우를 재료로 포장 단계별로 미생물이 얼마나 많은지 조사해본 실험 결과가 있다. 전혀 포장하지 않고 냉장 상태에서 파는 생새우, 있는 그대로 냉동시켜서 낱개 포장해 파는 새우, 그리고 껍질까지 벗겨서 포장하고 냉동시켜 파는 새우에 각각 얼마나 많은 미생물이 있는지 조사한 실험이었다. 조사 결과는 '사람들의 손을 많이 거치는 것만큼 미생물의 수가 많다'는 것이었다. 이러한 실험이 모든 상품에 대해서 똑같은 결과를 나타낸다고 생각하기는 어렵지만, 이와 같은 결과를 토대로 포장 단계와 미생물 수 사이에는 어느 정도의 상관관계가 성립한다는 것을 알 수 있다. 사람 손이 많이 가면 갈수록 미생물 수치가 높다는 이 결과를 우리는 깊이 생각해 보아야 할 것이다. 실제로 포장 단계가 많아질수록 상품 값은 그만큼 불어나기 마련이다. 따라서 식품을 파는 경우에나 식품을 구입하는 소비자의 입장에서 어떠한 것이 위생적인지, 또한 어떤 포장이 가장 좋은지를 생각해볼 필요가 있다.

해마다 늦은 봄부터 여름철로 들어가는 5월말에서 6월초 사이에는 일년 중에서도 식중독 사고가 가장 많이 발생하는 시기이다. 겨울에는 날씨가 차가워 미생물의 번식이 활발하지 않기 때문에 자연히 식중독이 거의 발생하지 않는다. 그러나 오뉴월이면 어느덧 봄이 지나고 여름철로 들어서는 날씨인데도 추운 겨울철 날씨에 익숙해진 사람들의 마음과 행동은 그대로 습관처럼 몸에 배어 있어서 식중독에 대해서 크게 주의와 관심을 기울이지 않기 때문이다. 그러다가 갑자기 따뜻해진 날씨에 식중독을 일으키는 균들이 한꺼번에 번식하면서 식중독을 일으키기에 사람들이 깜짝 놀라는 것이다.

보통 때에는 생각하지도 못한 사이에 식중독이 갑자기 나타나는 것처럼, 가장 위생적이어야 할 주방기구가 그렇지 못하다는 사실에 우리 스스로가 놀라기도 한다. 사람들에게 음식을 마련해주는 부엌은 그야말로 위생적으로 항상 깨끗해야 하는 곳이다. 부엌은 문제를 일으키는 미생물이 번식해서는 안 되는 곳이고, 그렇기 때문에 우리가 항상 집안에서 다른 어느 곳보다도 청결한 상태를 유지하기 위한 노력을 기울여야 하는 곳이다. 음식을 담는 온갖 그릇이며 숟가락과 젓가락을 담아두는 수저통, 설거지한 그릇을 말리는 그릇 건조대, 그릇을 씻는 설거지통, 그릇을 닦는 수세미와 행주, 그리고 음식을 조리하는 칼과 도마에 이르기까지 이들 모두가 항상 깨끗한 상태로 유지되어야 한다. 그리고 무엇보다도 부엌에는 미생물이 없어야 한다.

그런데 과연 부엌은 진짜로 깨끗한 곳일까? 얼마 전 소비자보호원에서 가정집 부엌에서 얼마나 많은 미생물들이 살고 있는지 조사해 보았다. 그 결과는 우리에게 자못 놀라운 사실을 알려주었다. 절반에 약간 못 미치는 집의 행주에서 미생물이 검출되었을 뿐만 아니라, 네 집 가운데 한 집의 도마에서 미생물이 나왔으며, 게다가 냉장고 안에서도 상당수 미생물이 검출되었다. 더욱 놀라운 사실은 검출된 미생물은 일반 미생물이 아니라 식중독을 일으킬 수 있는 황색포도상구균이었다는 점이다.

이제 다시 위생이라는 주제로 돌아와 생각해보자. 위생적이라고 하면 무엇보다도 우리에게 해를 끼치는 병원 미생물이 없는 상태를 전제로 하고 있다. 그래서 병원 미생물이 없다는 것은 언뜻 생각해보면 미생물이 전혀 없는 상태라고 넘겨짚기 쉽다. 그러기에 '무균 상태가 바로 위생적인가?'라는 질문에 대해서는 한 번쯤 따져보아야 한다. 그리고 더 나아가 '무균 상태는 가능한 것인가?'라는 질문에 대해서도 생각해 보아야 한다.

우리는 어렸을 때나 나이가 들어서나 가끔씩 공상을 해볼 때가 있다. 우리에게 해만 주는 미생물이라는 존재가 마치 약속이나 한 것처럼 한꺼번에 사라져 버리면 얼마나 좋을까 하는 생각도 해본다. 우리에게 병을 일으키는 병원 미생물이 사라져버렸으니 당장에는 편하고 좋을 것이라는 생각이 먼저 떠오른다. 그렇지만 조금만 생각해보면 그것이 반드시 좋은 것만도 아님을 알 수 있다. 왜냐하면 모든 미생물이 해로운 것은 아니고, 오히려 우리에게 도움을 주는 미생물도 있기 때문이다. 발효작용으로 우리에게 맛있는 음식을 만들어주는 발효 미생물도 있고, 생활의 온갖 쓰레기와 음식찌꺼기를 분해해주는 미생물이 우리가 살고 있는 환경을 정화시킨다는 것도 우리는 알고 있다.

어쨌거나 우리가 아무리 노력한다 해도 미생물이 하나도 없는 상태를 만들기는 어렵고 또한 그러한 상태를 유지하기는 더욱 어렵다. 그런데도 우리는 우리에게 이로운 미생물만 남기고 해로운 미생물은 모두 다 사라졌으면 하고 바란다. 물론 미생물을 제거하는 일이 전혀 불가능한 것만은 아니다. 미생물이 살아가는 데 필요한 양분, 온도, 수소이온농도 등의 조건을 우리가 알고 있으므로, 그러한 생육 조건을 없애버리면 어느 정도는 미생물이 사라지게 할 수 있기 때문이다.

요즈음 시중에서 판매하고 있는 부엌용품으로 항균 수세미라는 것이 있다. 물론 이것이 항균제품으로 효과가 있다고 하더라도 얼마나 오랫동안 그 효과가 계속되는지를 판단하기는 쉽지 않다. 부엌에 있는 미생물은 우리가 먹는 음식으로 옮겨 갈 수 있는 위험성이 크기 때문에 철저히 차단해야 할 필요성이 있다. 그러한 점에서 항균 제품이 있으면 누구나 이용하려고 한다. 다시 말해서 항균제품은 간편하게 사용할 수 있는 실용성에 그 가치를 두고 있다. 이를테면 항균 껌이라는 것도 있다. 이 제품 역시 차분히 여유를 갖고 이를 닦을 수 있는 경우에는 굳이 이용할 필요가 없지만, 시간에 쫓기는 사람들은 이를 닦는 대신에 간단히 항균 껌을 씹어 같은 효과를 보려는 의도로 이용하는 것이다.

항균(抗菌, antibacterial)이라는 말에는 균에 대항한다는 뜻이 들어있는데, 여기서 이야기하는 균은 주로 세균을 의미한다. 따라서 항균작용(antibacterial activity)은 말 그대로 세균을 파괴하거나 또는 세균의 발육이나 증식을 억제하는 작용을 뜻한다. 이와 비슷한 말로 정균작용(bacteriostasis)이라는 말이 있다. 정균작용은 다른 말로 세균발육저지라고도 한다. 말하자면 화학물질이나 생물학적 물질을 이용해 세균의 발육을 저지시키는 것이 정균작용인데, 여기에서는 세균을 직접 죽이는 살균작용은 없다. 정균작용은 항생물질 등을 이용하여 미생물의 필수 대사 작용에 해를 끼쳐 결과적으로 미생물을 죽게 하는 것이다.

항생물질은 간단히 줄여서 항생제(antibiotics)라고도 한다. 우리가 잘 아는 것처럼 항생물질은 미생물이 만들어내는 대사산물로 다른 미생물의 생육을 억제하거나 죽이는 능력을 가진 물질이다. 항생물질이 중요한 것이라고 생각하는 것은 숙주에 무해한 종류를 찾아내어 사람은 물론 동물과 식물의 세균 감염을 치료하는 화학요법제로 이용할 수 있기 때문이다. 그리고 항생물질의 이용은 물질 그대로 사용하는 것이 아니라 높은 배율로 희석하여 사용해도 그 효과가 크다는 점에서 매우 유용하게 쓰인다.

우리 생활에서 중요한 부분을 차지하고 있는 부엌에서 무균 상태를 유지한다는 것은 그리 쉬운 일이 아닐 뿐더러 굳이 그렇게까지 해야 할 필요성도 없다. 다만 우리가 할 수 있는 것은 우리에게 해로운 병원 미생물을 우리 생활 속에서 철저히 차단시켜 우리 건강을 지키고자 스스로 노력해야 한다는 것이다. 예를 들자면 일반 미생물은 물론이고 해로운 식중독균이 끼어들었다고 밝혀진 행주를 그대로 이용할 수는 없다. 그렇다면 우리가 할 수 있는 가장 간단한 방법은 끓는 물에 행주를 넣고 삶는 방법이다. 이 방법은 가장 안심할 수 있는 방법이지만 그렇다고 매번 행주를 삶을 수는 없는 노릇이다. 그래서 집안에서는 어른들도 부엌에서 자주 쓰는 행주는 물론이고 도마와 칼도 깨끗이 씻은 다음에 햇빛에 말려서 다시 쓰곤 하였다.

햇빛에는 자외선이 있으므로 자외선이 가진 살균 효과를 자연스럽게 이용하는 것이다. 그래서 되도록 자주 그것도 매일 한번이라도 가능하다면 가능한대로 햇빛 살균을 이용하였던 것이다. 이렇게 우리는 오래 전부터 미생물이 하나도 없는 무균 상태를 만드는 것이 어렵기 때문에 간편하게 할 수 있는 방법으로 햇빛에 말려 쓰는 방법을 이용하였다. 이 방법은 미생물을 완전히 멸균시키는 것보다도 미생물의 생장과 증식을 가장 간단히 억제시키는 방향으로 나아간 것이다. 이처럼 오래 전부터 우리가 이용한 방법이 바로 삶의 지혜가 아닌가를 다시 한번 우리로 하여금 생각하게 만든다.

술과 알코올 그리고 미생물
– 모든 술은 효모가 만든다

최근 이집트에서 지금으로부터 4,700년 전에 만들어진 고대 무덤을 발굴하였는데, 무덤의 주인공 뼈가 그대로 드러나 당시의 모습을 엿볼 수 있는 귀중한 자료로 알려졌다. 무덤 안에 누워있는 주인공 정강이뼈 아래에는 4개의 단지가 놓여있었는데, 단지 내부 표면에 붙어 있는 흔적으로 그것은 술을 담았던 단지로 확인되었다. 그렇다면 당시 사람들이 마시던 술은 어떤 종류였는가 하는 의문이 떠오른다. 발굴된 단지를 좀 더 자세히 분석해 보았더니 포도주를 담았던 것으로 판명되었다. 이렇게 아주 오래 전부터 사람들이 포도주를 만들어 마셨다는 사실은 이 무덤의 발굴 의미를 한층 더해 주고 있다.

이제까지 알려진 여러 가지 증거를 보더라도 이집트인들은 아주 오래 전부터 포도주를 마셨다는 사실이 확인된다. 이보다 더 오래된 무덤 벽에도 포도주를 만드는 과정이 그림으로 그려져 있다. 또한 기원전 2,500년의 이집트에서는 네 종류의 맥주와 다섯 종류의 포도주를 무덤에 넣었다는 기록이 남아 있는 것을 보더라도 이집트에서 마셨던 술의 역사는 무척 오래된 것임을 알 수 있다. 그러나 이집트에서 만들었던 맥주는 그 기원이 이집트가 아닌 메소포타미아라고 한다. 메소포타미아에서 발견된 점토판에 "발효를 이용해 빵을 구웠고, 그 빵으로 보리 맥아(麥芽)를 당화시켜 물과 섞어서 맥주를 만들었다"는 기록이 있는 것으로 보아 이미 기원전 4,200년경부터 수메르인들이 맥주를 만들었다는 사실을 알 수 있다.

술은 이처럼 아주 오래 전부터 우리와 함께 해왔다. 도대체 술이 어째서 우리 생활에서 빼놓을 수 없는 음료가 되었는가, 또 어떠한 역사와 문화를 만들어왔는가를 생각해 보면 수많은 이야기들이 화수분처럼 솟아 나온다. 술에 대한 수많은 이야기 가운데에서도 한 가지 빼놓을 수 없는 사실이 있다. 항상 우리와 함께 역사와 문화를 만들어온 술은 아무리 과학과 기술이 발전했다 하더라도 결코 공업적으로 합성하여 만들지는 않는다는 점이 그것이다. 지금까지도 사람들이 마시는 알코올은 모두가 에틸알코올로 미생물인 효모가 발효작용으로 생산하는 것이다.

우리는 술과 알코올을 거의 대부분 동의어로 쓰고 있지만, 어찌 생각해보면 이들이 똑같은 것이라 할 수 없으므로 서로를 구별해 써야 하지 않을까 하는 의문이 생기기도 한다. 더욱이 미생물이 만드는 알코올을 모두 술이라고 할 수 있을까 하는 생각까지도 떠올라 우리를 혼란스럽게 만든다.

그렇다면 여기에서 알코올에 대해 간단히 정리해 보자. 알코올은 우리가 아는 것처럼 일종의 화학물질이다. 우리 생활 주변에서 볼 수 있는 수많은 종류의 화학물질이 모두가 똑같은 것은 아니므로 아무렇게나 대충 부를 수는 없다. 그러기 때문에 각각의 화학물질은 나름대로 독특한 이름을 갖고 있다. 자, 이제 생각을 좀 하는 사람이라면 이쯤에서 술과 알코올의 관계에 대해 어느 정도 정리된 듯한 느낌이 들 것이다. 이를테면 술은 일반명이고 알코올은 전문용어의 하나라는 생각이 그것이다. 그러나 아직도 어떤 사람은 술은 우리말이고, 알코올은 술을 뜻하는 영어라고 고집하기도 한다.

그렇다면 내친 김에 화학물질과 유기물질에 대해 조금만 더 알아보자. 알코올이라는 화학물질은 탄소 분자를 기본으로 구성된 알킬기(alkyl group, R)에 수산기(hydroxyl group, −OH)가 결합된 형태이다. 그래서 알코올은 구조를 바탕으로 간단히 R-OH로 표기하기도 한다. 여기에서 보는 것처럼 기본이 되는 알킬기의 탄소 수에 따라 물질의 구조와 성질이 결정되는 것이다. 한편 생물체는 모두가 탄소와 수소, 그리고 산소 분자를 갖고 있는 유기물질로 구성되었다. 유기물질 가운데 탄소 분자를 중심으로 주변을 꽉 채우듯이 수소 분자가 빈틈없이 결합된 물질을 알칸(alkane)이라 부른다.

이러한 알칸은 그것이 기본으로 가지고 있는 탄소 분자 수에 따라 특별한 이름을 가진다. 탄소 분자가 한 개이면 메탄(methane), 두 개이면 에탄(ethane), 세 개이면 프로판(propane), 네 개이면 부탄(butane), 다섯 개이면 펜탄(pentane), 여섯 개이면 헥산(hexane), 일곱 개이면 헵탄(heptane), 여덟 개이면 옥탄(octane), 아홉 개이면 노난(nonane), 열 개이면 데칸(decane)이라고 한다.

이들 알칸이 다른 분자와 결합하여 또 다른 물질을 구성하는 경우에는 이름 뒤에 -yl이라는 형용사 어미를 붙여 새로운 물질 이름을 붙인다. 예를 들자면 알칸이 수산화기와 붙어서 새로운 물질을 만든 것이 바로 알코올이다. 이렇게 알칸에 수산화기 하나가 붙기 위해서는 알칸에 붙어 있는 수소 분자 하나가 빠지고 그 자리에 수산기가 붙어야 한다. 구체적인 예로 메탄(CH_4)에 수산기(-OH) 하나가 붙는다면 메탄에 붙어 있는 수소 분자 하나가 빠지고 그 자리에 수산화기 하나가 대신 붙게 되는데, 이 새로운 물질을 메틸알코올(CH_3OH)이라고 부른다. 따라서 알코올의 일반적인 구조식은 $C_nH_{2n+1}OH$가 되는 것을 알 수 있다

이제 우리는 화학물질로서의 알코올에는 한 종류만 있는 것이 아니라 탄소 수에 따라 여러 종류가 있다는 것을 이해할 수 있을 것이다. 탄소 분자가 하나이면 메틸알코올이고 두 개이면 에틸알코올, 그리고 세 개이면 프로필알코올 하는 식으로 탄소 수에 따라 다른 이름을 붙인다. 그런데 알코올은 우리

생활에서도 많이 이용되는 물질이므로 이들 이름을 줄여서 부르기도 한다. 메틸알코올은 메탄올(methanol), 에틸알코올은 에탄올(ethanol), 프로필알코올은 프로판올(propanol), 그리고 부탄올(butanol), 펜탄올(pentanol) 등으로 편리하게 줄여서 부른다.

이제 다시 본래의 술 이야기로 되돌아가 술이 미생물과 어떤 관계를 가지고 있는지 풀어보기로 하자. 우리가 마시는 술은 분명히 아무렇게나 만들어지는 것이 아니다. 그렇지만 술 만드는 방법이 아주 어렵고 힘들다면 많은 사람들이 쉽게 만들어 마시지도 못할 것이다. 그런데 술은 인류 문명이 시작하던 아주 오래 전부터 만들었고 또한 모두가 즐겼다는 사실을 고대 문화의 발굴 자료를 통해서도 확인할 수 있다. 다시 말해서 술을 만드는 방법은 그렇게 어렵지 않아 누구나 만들 수 있는 정도였다고 보아야 한다.

술은 사람이 만드는 것이라고 하지만 사람들은 그저 술을 만드는 데 필요한 재료를 순서대로 넣어주고 적당한 장소에 자리잡아주는 역할만 할 뿐이다. 실제로 술을 만드는 것은 효모(酵母, *Saccharomyces cerevisiae*)라는 미생물이다. 효모는 '뜸팡이'라고도 부르는 곰팡이의 일종으로 자연에 널리 분포하고 있다. 이 효모는 음식물 속에 들어 있는 포도당 같은 당류를 에틸알코올과 이산화탄소로 바꾸어주는 일을 한다. 이것을 우리는 '알코올 발효'라고 하며 다른 말로는 '주정(酒精)발효'라고도 부른다. $C_6H_{12}O_6 \rightarrow 2C_2H_5OH + 2CO_2$와 같은 화학식에서 볼 수 있듯, 포도당 한 분자가 두 분자의 에틸알코올과 두 분자의 이산화탄소로 바뀌는 것이 바로 알코올 발효이다.

효모를 비롯하여 다른 세균이나 곰팡이 등의 미생물이 유기물을 분해하여 우리에게 유용한 성분을 만들어줄 때 그 과정을 발효(醱酵, fermentation)라 한다. 이에 반해서 미생물들이 우리가 이용하려는 유기물 가운데에서도 특별히 단백질 성분을 분해하여 악취를 풍기는 작용을 부패라고 한다. 발효의 원래 음가는 '발교'인데, 언제부터 원래 음가인 '교'를 '효'로 발음하면서 지금처럼 굳어져버렸다. 한자 사전에도 '酵'자는 '1)술 괼 효·교 2)뜸팡이 효·교'와 같이 두 가지 음가로 설명되어 있다. '酵'자를 원래의 음가대로 표기한 예는 구약성서 출애굽기에 나오는데 발효시켜 만들지 않은 빵을 '무교병(無酵餠)'이라 부른 것이 그것이다.

술의 기원이 선사시대까지 올라가는 것은 술을 만드는 방법이 어렵지 않다는 점과 술을 만들어주는 효모가 어디든지 있었기에 가능했던 것이라고 생각할 수 있다. 일례로 포도를 들면, 많은 사람들이 포도껍질에 묻어 있는 흰 물질을 농약이라 잘못 알고 있는 경우가 많다. 그러나 그것들이 바로 포도주를 만들어주는 효모이다. 따라서 우리가 집안에서 포도주를 만들려면 이물질만 제거한 후에 포도를 주물러 으깨거나 또는 그대로 항아리에 담아 둔다. 선선한 장소에 놓아두면 시간이 지나면서 저절로 포도주가 익게 되는 것이니 그야말로 아주 간단한 일이다.

술을 만드는 일이 이렇게 간단하고 쉽다고 하지만, 실제로 그 안에는 우리가 지켜야 할 몇 가지가 있다. 지켜야 할 것을 제대로 지키지 않으면 제 맛이 나는 술을 얻을 수 없다. 이것을 그저 한 마디로 뭉뚱그려서 정성이라고 표현할 수도 있겠지만, 그 안에는 몇 가지 과학적인 사실이 포함되어 있으므로 그럴듯한 설명을 해 보는 것도 가능하다.

정성을 들여 술을 만드는 과정이 그저 간단한 것만도 아니므로 술에 대해서만큼은 몇 가지 특별한 표현을 쓰기도 한다. 우선 술을 만드는 것을 달리 표현하여 술을 '빚는다'고 한다. '빚다'는 말에는 대충대충 만든다는 것보다는 훨씬 많은 정성을 기울여 노력한다는 뜻이 담겨져 있다. 또한 술을 만들 때에 '빚다'라는 말 이외에도 '담그다'라는 말도 쓴다. 음식을 익거나 삭게 하려고 재료를 버무려 그릇에 넣는 일을 '담그다'라고 말하는데, 술도 대부분 항아리에 담기 때문에 같은 표현을 쓰는 것이다.

좋은 술을 만들어 즐기려면 우선 술을 만들어주는 효모의 생리작용을 어느 정도 이해해야 한다. 술을 만들 때에 효모 이외의 미생물이 들어가면 제 맛이 나는 술을 얻을 수 없다. 여러 종류의 미생물이 함께 살면서 제각기 다른 맛을 만들어내면 그것은 술이 아니라 썩은 물이 될 것이다. 그렇기 때문에 효모가 살 수 있는 조건을 맞추어 주어야만 효모 이외의 미생물이 번식하지 못한다. 포도주 항아리를 선선한 곳에 놓아두는 것도 포도주 발효가 잘 되는 30℃ 이하로 환경을 맞추어주기 위해서이다. 온도가 올라가면 초산균이 번식하면서 효모가 만들어놓은 에틸알코올을 초산(식초의 원료)으로 바꾸어버려신 포도주가 만들어지기 때문이다.

포도주를 담글 때에는 가끔 약간의 설탕을 넣어주는 경우가 있다. 포도에 들어 있는 당분을 효모가 이용하는 것은 당연한 일이지만, 포도주를 담그자마자 바로 발효가 일어나 술이 익는 것은 아니다. 효모가 제 힘으로 정상적인 발효 과정에 들어가기 위해서는 준비운동 혹은 워밍업이라 부를 수 있는, '제자리를 잡아가는 노력'이 필요하다. 효모가 그렇게 하도록 도움을 주기 위해서 발효작용에 바로 이용할 수 있는 약간의 설탕을 넣어주는 것이다. 이것을 시동배양(始動培養, start culture)이라고 할 수 있다. 규모가 큰 모터를 바로 돌리려면 큰 힘이 필요한데 작은 모터를 먼저 돌려 얻는 힘을 이용해 단계적으로 큰 모터를 돌리는 것은 그만큼 무리가 적다. 시동배양도 따지고 보면 큰 모터를 돌리기 위해 작은 모터를 먼저 돌리는 것과도 많이 닮았다.

오래 전부터 술은 사람들의 생활 속에서 늘 함께 해왔다. 그래서 식구가 많은 큰 집안에서는 누군가가 술을 만들었고 이렇게 빚은 술은 필요한 대로 이용하였다. 한 집안에서 특별한 방법으로 만들어온 술을 가양주(家釀酒)라 부르고, 집안만이 아니라 여러 지역이나 또는 민족이 오래 전부터 만들어 마셨던 술을 우리는 민속주(民俗酒) 또는 전통주(傳統酒)라고 부른다. 우리나라에서 오래 전부터 빚어 마셨던 술은 막걸리이다. 그러기에 막걸리는 우리 민속주이며 전통주이고 또한 가양주의 기본이 된다. 막걸리는 빛깔이 희부옇고 탁하기에 탁주(濁酒)라고도 부르며 또한 사람들이 농사지으며 많이 마셨기에 농주(農酒)라고도 부른다. 물론 밥을 지어 발효시켰기에 술에 쌀이 떠 있다 하여 동동주라고도 부른다.

막걸리의 발효는 포도주와는 그 과정이 사뭇 다르다. 쌀을 원료로 만드는 막걸리는 쌀에 들어 있는 탄수화물을 그대로 이용하지 못하므로 먼저 당분으로 바꾸는 이른바 당화 과정이 필요하다. 탄수화물은 구조가 사슬처럼 이어져 효모가 이용할 수 없기 때문에 당 성분들을 잘게 부수는 당화 과정이 먼저 이루어져야 한다.

보리를 원료로 만드는 맥주도 발효시키기 전에 효모가 이용할 수 있도록 당화 과정을 거쳐야 하는 것은 마찬가지이다. 막걸리를 담그기 위해서는 찹쌀이나 멥쌀 따위를 물에 불려서 시루에 찐 밥을 누룩과 함께 버무려 넣는다. 이러한 재료를 '술밑'이라고 부르며 여기에 들어가는 밥을 '지에밥'이라고 하는데 이를 줄여서 '지에'라고도 한다. 막걸리를 담그고자 지에밥과 누룩을 버무려 담그는 일을 '술을 빚는다'고도 한다. 이렇게 술을 빚어놓으면 항아리에서 발효작용이 일어나 술이 익으면서 거품이 부걱부걱 솟아오르는 모양을 '술이 괸다'고 한다. 막걸리를 담그기 위해 지에밥과 누룩을 넣는 것은 탄수화물을 당으로 바꾸는 당화 작용과 효모에 의한 발효를 한꺼번에 일어나게 한다는 특징을 보여준다.

포도주를 담그거나 막걸리를 빚거나 또는 맥주를 발효시키는 데에는 어떤 종류의 술이건 간에 효모에 의한 알코올 발효가 기본이 된다. 효모가 한 분자의 포도당을 두 분자의 에틸알코올과 두 분자의 이산화탄소로 분해하면서 두 분자의 ATP(Adenosine Triphosphate: 아데노신 3인산으로 생물체가 에너지원으로 이용한다)를 에너지로 얻어 살아간다. 사람들은 이러한 발효과정에서 효모가 만들어내는 알코올을 음료로 이용하는 것이다. 그뿐만 아니라 알코올과 생성되는 이산화탄소가 밀가루반죽을 부풀리는 힘을 이용하여 빵도 만들 수 있다. 아주 오래 전부터 사람들은 효모의 이러한 성질을 이용하여 술도 담그고 빵도 만들어 생활에 활용하였다. 지금도 빵을 만들 때 부풀리는 재료로 이스트를 쓰는데, 이것은 효모의 또 다른 말이다. 이렇게 효모는 포도주와 맥주, 그리고 막걸리는 물론이고 빵을 만들 때에도 이용하는 미생물이다.

사람들이 마시는 술의 종류는 크게 발효주와 증류주로 나뉜다. 효모가 알코올 발효를 해놓은 것을 걸러서 마시거나 또는 그대로 마시는 것이 발효주로, 포도주나 맥주, 막걸리는 모두가 발효주에 속한다. 그런데 이런 발효주는 알코올의 함량이 그리 높지 않기 때문에 사람들은 높은 농도의 알코올을 얻을 수 있는 증류법을 개발하였다. 이렇게 증류법을 이용하여 순수한 알코올을 얻은 후 알코올의 효능에 대한 여러 가지 사실을 발견하고서 알코올에 '생명의 물'이라는 뜻의 '아쿠아비테(Aqua-vitae)'라는 이름도 붙였다.

증류법을 이용하여 알코올 함량을 높인 술을 증류주라고

하는데, 증류주도 어떤 발효주를 이용했느냐에 따라 두 종류로 나뉜다. 곡물을 원료로 발효시킨 술을 다시 증류한 것이 위스키(whiskey)이고, 과실을 발효시켜 만든 술을 증류한 것이 브랜디(brandy)이다. 막걸리를 담아 증류시킨 우리 전통주들은 굳이 따지자면 위스키에 해당한다고 하겠다. 이렇게 발효주를 증류시켜 알코올 함량이 높게 만든 술은 그만큼 알코올의 효과도 빠르고 높다. 알코올 함량이 높은 위스키를 선호하는 사람들이 술을 알코올이라 부르면서 자연스럽게 알코올이라는 말이 술을 대신하는 이름으로 바뀐 것도 따지고 보면 그럴듯한 이유가 된다.

오래 전부터 우리나라에서도 막걸리를 증류시켜 소주(燒酒)를 만들었다. 요즘 우리나라의 대표적인 술이라 할 수 있는 소주는 '주정(酒精)'이라 불리는 순수한 알코올을 만들어 희석시킨 것이므로 엄격하게 말하자면 희석식 소주가 되는 셈이다. 어쨌거나 우리가 생활 속에서 주로 이야기하는 알코올은 에틸알코올이고, 이들 알코올은 모두 효모가 알코올 발효로 만들어낸 것이며, 알코올 생산자들은 보다 높은 함량의 알코올을 생산하기 위해 특수한 능력을 갖춘 효모 균주를 산업적으로 이용하고 있다. 그러기에 술과 알코올, 그리고 효모는 서로가 뗄 수 없는 관계를 맺고 있다.

콩과 질소 고정 세균 – 콩은 비료 없이도 잘 자란다

'콩 심은 데 콩 나고, 팥 심은 데 팥 난다'라는 속담이 있다. 오래 전부터 우리는 이 말을 헤아릴 수 없이 많이 들어왔다. 이는 '뿌린 대로 거두리라'는 뜻으로 이런저런 이야기를 나누면서 삶의 지혜를 이야기할 때 어김없이 등장하는 말이다. 그런데 이 말에 대해서 곰곰이 생각해보면 조금 이상하다는 의문이 떠오른다. 그것은 우리가 오래 전부터 주식으로 삼아온 것은 쌀과 보리인데 어째서 콩과 팥을 예로 들었는가 하는 것이다. 물론 속담에서도 주식이 앞서야 된다는 법은 없겠지만, 오래 전부터 우리 조상들이 먹었던 주된 음식이 쌀과 보리인데도 이들을 제치고 콩과 팥이 속담에서 예로 등장한 것은 아무리 생각해보아도 언뜻 이해되지 않는다.

이러한 의문에 대해서 몇 가지 그럴듯한 이유를 생각해 볼 수도 있다. '콩'과 '팥'은 단음절이기에 발음하기에 좋다는 것이 어쩌면 하나의 이유가 될 법도 하다. 그렇지만 그것만으로는 무엇인가 부족해 보인다. 사람들을 충분히 이해시키기 위해서는 이보다도 더 그럴듯한 이유를 생각하고 찾아내어야 할 것이다. 분명히 콩과 팥은 우리에게 쌀과 보리만큼이나 친하고 어쩌면 그보다도 더 가깝게 느껴지는 점이 있는 것처럼 보인다. 어쩌면 아주 오랜 동안 우리가 함께 살아온 역사와 문화 속에서 그 이유를 찾아볼 수 있을 것이다.

이미 잘 알려진 대로 콩은 우리나라가 위치한 한반도와 만주지방이 원산지이다. 그래서 들판에 나가 조금만 관심을 갖고 살펴보면 야생으로 자라는 들콩(야생종)을 확인할 수 있다. 이에 비해서 쌀은 원산지가 인도와 방글라데시를 비롯한 타일랜드, 인도네시아 등의 동남아시아 지역이다. 따뜻한 날씨에 추위를 모르고 자라던 볍씨를 사람들이 점차 위도가 높은 지역으로 가져와 재배하기 시작했다. 원래 살던 지역을 벗어나 새로운 환경에 적응하는 것이 그리 쉽지는 않지만 그래도 사람들은 먹거리를 확보하기 위해서 정성을 기울여 가꾸면서 무더운 여름철에 벼를 재배하는 어려운 일을 마다하지 않았다.

작물이 살기 어려운 환경 조건과 지리적 차이를 극복하면서 사람들이 필요한 작물을 재배하는 일을 우리는 농사(農事)라 한다. 사람들이 농사를 짓는 것은 어떻게 해서든지 살아가는데 필요한 먹거리를 많이 생산하기 위해서이다. 사람들이 먹을 식량을 확보하는 것이야말로 사는 데 있어 무엇보다도 중요한 일이기 때문이다. 농사를 짓기 위해서 필요한 것은 우선 어떤 작물을 심을 것인가를 결정해야 하고, 선택한 작물이 자랄 수 있는 터전, 즉 넓은 땅을 마련해야 하며, 이에 덧붙여 작물이 잘 자랄 수 있는 환경을 만들어주어야 한다.

그렇기 때문에 사람들은 가장 먼저 땅을 확보하는 데 게으름을 피우지 않았다. 그러나 어렵사리 땅을 확보한 후에 선택한 작물을 심기만 하면 모든 작물이 잘 자라서 풍성한 수확을 얻을 수 있는 것은 결코 아니다. 작물도 하나의 생명체이기에 무엇보다도 작물이 잘 자랄 수 있도록 모든 조건을 마련해 주는 데 노력을 기울여야 한다. 선택한 작물이 좋은 환경에서 잘 자라야 비로소 우리는 풍성한 수확을 기대할 수 있기 때문이다. 이렇게 작물이 잘 자랄 수 있는 환경을 마련해 주는 것이 바로 농사의 기본이다.

옛날부터 농사에서 가장 기본인 것은 땅을 확보하는 것이다. 그래서 사람들은 농사짓기에 적당할 곳이라 생각하면 어김없이 논밭을 일군다. 평평한 땅은 물론이고 비스듬한 산비탈이라도 작물이 자랄 수 있다고 생각하면 땅을 파고 흙을 다듬어 밭을 만들고 씨앗을 뿌린다. 경사가 너무 심해서 밭을 만들기 어려운 곳이라면 과일나무를 심어 과수원을 만들기도 한다. 또한 흙의 상태를 살펴보면서 어떻게 땅을 관리할 것인가 이런저런 궁리도 해본다. 진흙이 많아 물이 잘 빠지지 않는 곳이라면 모래흙을 더해주고, 이와 반대로 모래가 많아 물이 너무 잘 빠지면 진흙을 더해 적당한 물기가 남아 촉촉하게 느껴지도록 흙을 보살펴준다.

운동장 흙처럼 단단히 굳어 있는 땅을 갈아엎어 일구었거나 비탈진 산등성이를 개간해 처음으로 마련한 밭이라면 어지간히 노력하지 않고서는 기름진 밭으로 만들기가 쉽지 않을 것이다. 더구나 물기가 없이 메마른 땅이라면 푸석푸석하고 흙가루가 바람에 풀풀 날릴 것이다. 땅에 물기가 없다는 것은 물기가 머물러 있을 만한 환경이 마련되어 있지 않다는 뜻이다. 물기가 있으려면 물기가 머물 만한 틈새와 여유가 있어야 하는 것은 물론 물기를 붙잡을 수 있는 보수체계가 마련되어야 한다. 이와 같은 구조를 위해서는 흙 입자와 흙 입자 사이에 공기와 물기가 통할 수 있는 공간이 마련되어야 하고, 이러한 공간을 이루려면 중간 중간에 흙 입자를 서로 붙잡아주는 부식물질이 있어야 한다. 다시 말해서 흙 속에 물기가 남아있으려면 어느 정도 공기도 잘 통해야 하고 그러기 위해서는 부식물질이라는 거름기가 있어야 한다는 뜻이다.

기름진 땅이라면 물기가 머물러 있을 만큼 흙과 모래의 비율이 알맞고 또한 부식물질이라는 유기물 성분이 풍부해서 작물이 살아가기에 적당한 환경이다. 다시 말해서 퇴비라고도 말하는 거름 성분이 넉넉해서 색깔도 검은 색을 띠고 있다. 그러기에 농사가 잘 되는 기름진 밭은 누가 보아도 검은 색깔이 도는, 그야말로 거름기가 반지르르 흐르는 것처럼 보이는 것이다. 이렇게 작물이 잘 자랄 수 있는 기름진 땅은 금방 만들어지는 것이 아니라 오랫동안 정성을 다해 가꾸어야 비로소 가능해진다.

물론 생땅을 갈아엎어 개간한 척박한 땅에서 첫해부터 많은 수확을 기대하는 것은 말도 되지 않는다. 그렇다고 기대한 수확을 얻을 때까지 몇 년이고 기다리며 적당히 쉬면서 농사를 지을 수만도 없을 것이다. 처음으로 온갖 정성을 기울이며 농토를 개간하고 농사를 짓는 사람들이 먹을 것이 풍족하여 그저 취미로 농사를 지으며 즐기는 것은 아니기 때문이다. 농사꾼이라면 누구나 금년보다도 내년에는 보다 넉넉한 식량을 얻기 위한 희망으로 오늘의 배고픔을 참아가며 척박한 땅을 기름진 땅으로 가꾸고자 온갖 정성과 노력을 기울이는 것이다.

오랫동안 농사를 지어온 기름진 땅이 아닌, 처음으로 개간한 척박한 땅에는 어김없이 콩을 심는다. 게다가 적어도 첫해 수확만큼은 자신이 먹을 생각도 하지 않고 고스란히 땅으로 되돌려준다. 한해 농사, 아니 그것도 농사짓기 시작한 바로 첫해의 수확 때에는 이루 말할 수 없도록 한 톨의 식량이 아쉬울 판인데 어떻게 그런 일이 있을까? '도대체 왜 그래야 하는 걸까, 게다가 왜 하필이면 콩이야?' 이런 의문이 생길 법 하지만, 콩이야말로 그렇게 할 만한 충분한 이유를 가지고 있다.

농사짓는 사람들의 이야기를 들어보면 콩 농사는 많은 비료를 주지 않아도 콩이 잘 자란다고 한다. 나중에 안 사실이지만, 콩은 리조비움(*Rhizobium*)속(屬)에 속하는 뿌리혹박테리아와 공생(共生)하기 때문에 뿌리혹박테리아가 만들어주는 영양분을 얻어 즐겁게 살아간다. 또한 뿌리혹박테리아는 콩을 의지하면서 안심하고 자리를 잡아 살고 있다. 뿌리혹박테리아는 공기 중에 떠다니는 질소를 붙잡아 고정하는 과정에서 질소 성분이 많이 들어있는 영양분을 만들어 식물로 하여금 이용할 수 있도록 제공한다. 그래서 리조비움은 식물과 공생하면서 질소를 고정하는 대표적인 세균으로 알려졌다. 이러한 질소 고정 세균이 있기 때문에 콩 농사에서는 특별한 비료를 주지 않더라도 필요한 영양분을 공생균이 만들어주기 때문에 잘 살 수 있다는 것을 알 수 있다.

실제로 질소 고정균(이 말은 세균을 포함하여 다른 종류의 미생물까지도 포함시키는 경우를 뜻한다)은 콩의 생장에 도움을 주는 것만이 아니라 지구의 생명을 유지하는 데 더욱 중요하다. 비록 비료 공장에서 화학 비료를 생산하여 농사에 이용하는 것이 땅을 비옥하게 유지하는 데 도움을 주기는 하지만, 흙이나 물 속에 살고 있는 질소 고정 세균은 질소 순환 과정에서 가장 중요한 역할을 해주고 있다. 이처럼 질소 고정 세균을 크게 나누어 보면 두 종류가 있는데, 그 하나는 식물과 이익을 서로 나누는 공생생활을 하는 종류이고 다른 종류는 흙이나 다른 곳에서 독립생활을 하는 종류이다.

질소 고정과 순환에 관여하는 균은 한 종류가 아니라 여러 종류가 있으며, 제각기 다른 과정에 관여하고 있다. 식물과 공생생활을 하며 질소를 고정하는 대표적인 세균으로는 앞에서 언급한 리조비움이 있다. 리조비움은 특정한 식물에 대해서만 공생관계를 유지하는 특이성을 보인다. 이를테면 강낭콩의 질소 고정균은 토끼풀에서 뿌리혹을 생성하지 않는다. 이러한 사실을 아는 농민들은 작물에 따라 알맞은 균주를 접종하기도 한다. 또한 요즈음에는 유전공학 기법을 이용해 보다 효과적인 리조비움을 개발하고 있다.

식물과 공생을 하지 않고 독립생활을 하면서 질소를 고정하는 종류의 균으로는 아조토박터(*Azotobacter*)가 많이 알려져 있다. 이 균은 공기가 잘 통하는 흙 속에서 사는데 중성 혹은 약한 염기성 조건을 좋아한다. 질소 고정의 양적인 면에서 본다면 아조토박터가 주역을 맡고 있지는 않다. 이에 비해서 바이예린키아(*Beijerinckia*)나 클로스트리듐(*Chlostridium*) 따위가 오히려 더 많은 양의 질소를 고정한다. 그렇더라도 질소 고정 비율을 보면 콩과식물과 리조비움의 협력으로 생산되는 질소 고정량은 에이커당 연간 93킬로그램인데, 시안세균이라는 미생물에 의한 질소 고정량은 8킬로그램이고 아조토박터는 0.1킬로그램인 것을 보면 종에 따른 질소 고정의 차이는 그야말로 엄청나다는 것을 알 수 있다.

질소는 단백질이나 다른 생명 물질을 구성하는 데 필요한 성분이며 공기의 78%를 차지하고 있다. 식물이 질소를 사용하려면 질소가 물에 잘 녹는 용해성 염으로 고정되어야 한다. 요즈음 농사에서 사용하는 비료는 공장에서 생산한다. 이것은 독일인 화학자 프리츠 하버(Fritz Harber)가 개발한 방법으로 수소와 질소를 고압과 400℃ 고온에서 철을 촉매로 반응시켜 암모니아를 생산하는 것이다. 암모니아는 질산으로 바뀌고 다시 질산염으로 바뀌면서 식물에 흡수되는 비료가 된다. 이렇게 하버법이나 다른 공정을 이용해서 비료를 생산하는 데에는 대단히 많은 에너지와 비용이 들어간다.

화학 비료는 효과가 빠르고 사용이 간편하기에 해가 갈수록 점점 더 많이 사용하게 된다. 그러다 보니 필요 이상으로 많이 사용하는 비료 때문에 세계 곳곳의 토양이 손상을 입게 된 것은 물론이고, 질산염이 포함된 화학 비료가 농경지로부터 하수에 흘러 들어가 나타나는 오염 문제에 대해서도 많은 관심이 쏠리고 있다. 따라서 과학자들은 미생물을 이용하여 질소를 고정하는 방법을 활용하고자 많은 노력을 기울이고 있다. 미생물이 질소를 고정하는 작업은 질소효소(nitrogenase)가 담당하므로 하버법처럼 고압이나 고온 조건에 따르지 않아도 된다. 그러므로 미생물에 의한 질소 고정은 당연히 자연을 살리는 환경 친화적인 방법이다.

질소 고정만이 아니라 질소 순환 과정에서도 미생물은 중요한 역할을 하고 있다. 미생물이 질소를 순환시키기 위해서는 두 가지 방향에서 관여해야 한다. 한 가지는 식물과 동물의 죽은 조직이나 배출물을 분해하는 것이고, 다른 하나는 질소 가스를 대기 속으로 되돌려 순환을 마무리하는 것이다. 여러 가지 미생물 가운데에는 크고 복잡한 조직이나 분자를 더 작은 것으로 쪼개고 단백질이나 다른 질소 물질로 암모니아를 만드는 종류가 있다. 이러한 과정에 관여하는 미생물로는 니트로소모나스(*Nitrosomonas*)나 니트로박터(*Nitrobacter*)가 있는데, 니트로소모나스는 암모니아를 아질산염으로 산화시키고 니트로박터는 아질산염을 질산염으로 바꾼다. 마지막으로 슈도모나스 데니프리피칸스(*Pseudomonas denitrificans*)와 다른 종류의 세균들이 환원작용으로 질소를 대기 속으로 되돌린다.

도대체 미생물에 의해 이루어지는 질소 순환량은 얼마나 될까? 계산에 따라 차이가 있겠지만, 아마도 한 해 동안에 에이커당 109톤이 될 것이라고 예상한다. 어쨌거나 대단한 양이지만, 하버법에 따라 생산되는 비료가 25% 정도이고 번개나 다른 작용으로 이루어지는 것은 15% 정도라고 한다면 나머지 대부분은 미생물 작용에 의해서 이루어진다고 보아야 한다. 그렇기 때문에 화학 비료를 생산하지 못하던 때에는 대부분의 필요량을 미생물이 만들어주었다고 해도 거의 틀림이 없다. 옛 어른들의 이야기에 따르면 '번개가 많은 해에는 수확이 많다'고 한다. 이제 우리는 그 이유에 대해 조금은 이해할 수 있을 것이다.

질소를 고정하는 미생물이 약 60% 정도의 질소 성분을 식물에게 제공한다는 사실을 우리는 거의 생각하지도 못한다. 한시라도, 아니 그저 잠깐 동안이라도 없어서는 안 될 공기의 중요성을 생각하지 못하는 것처럼, 질소 고정 세균들의 중요한 역할을 제대로 이해하지 못하는 경우가 많다. 그들은 아주 오래 전부터 우리 곁에 있었기에 항상 그런 것이라고 생각해왔고, 또한 지금도 우리 곁에 있기 때문에 굳이 그들의 존재를 의식하지도 않고 또한 눈길조차도 한번쯤 줄 생각마저 안 하는 것이 아닐까. 그렇지만 이들 미생물들은 전혀 섭섭하다고 생각하지도 않고 옛날부터 그랬던 것처럼 지금도 자기들의 할 일을 충실히 해나가고 있다.

질소 고정 세균이 식물과 공생하면서 필요한 영양분을 공급해주는 것은 물론 자연 속에서 질소 순환에 중요한 역할을 한다는 사실은 이미 잘 알려져 있다. 그런데 최근에 드러난 결과로는 질소 고정과 순환 이외에도 전혀 생각하지 못했던 의외의 기능이 알려지고 있다.

프랑스 상파뉴 지방에 있는 드 레핀 대성당(Basilique de l'Epine)은 석회암으로 지은 고딕식 건축물이다. 이 성당은 오랜 시간이 흐르는 동안 외부 벽에 이끼가 덮이면서 고풍스러운 느낌을 더욱 강하게 풍긴다. 특히 비바람을 직접 맞이하는 서쪽 현관에는 이끼가 더욱 무성하게 끼어 있다. 이끼류는 돌에 뿌리를 내리고 번식하면 벨벳 같은 보호막을 형성하여 돌로 만든 조각 작품까지도 완벽하게 보호해준다. 이렇게 돌에 붙어 번식하는 이끼는 한편으로는 공격자임과 동시에 보호자의 성격도 갖고 있다. 자연 속에서 일어나고 있는 경쟁과 공존을 함께 보여주는 이끼는 마치 사람이 살고 있는 인생에서 일어나고 있는 복잡한 생활의 한 면을 보여주는 것만 같다.

1970년대에 이르러 대성당에 황색 이끼가 번식하면서 본래의 모습이 추하게 변하는 이상한 현상이 일어났다. 처음에는 파리 사람들이 많이 몰려들면서 석회암에 영향을 끼쳤고, 그 결과로 새로운 이끼류가 기승을 부린 것이라고 생각하여 환경오염을 그 원인으로 꼽았다. 하지만 아녜스 르 트루이(Agnès Le Trouit)는 다른 전문가들과 함께 세밀한 조사를 벌인 끝에 새로운 진단을 내렸다. 이끼류가 번식하기 위해서는 많은 양의 질소가 필요한데, 상파뉴의 척박한 석회암 토양에서는 영양분을 얻을 수 없었기 때문에 다른 곳에서 생장에 필요한 질산염을 얻어 번식하였다고 발표했다. 뒤이어 '그렇다면 필요한 질소는 어디에서 비롯되었는가?'라는 질문이 자연스럽게 제기되었다.

그에 대한 답을 찾는 데는 오랜 시간이 걸리지 않았다. 황무지나 다름없던 상파뉴의 토질에서는 작물의 수확을 늘리기 위해서는 질소 비료를 넉넉히 뿌려주어야만 했었다. 그에 따라 땅은 비옥해졌지만, 대성당은 그 때문에 막대한 피해를 볼 수밖에 없었다. 질소 비료에서 영양분을 얻은 황색 이끼류가 빗물이 흘러내리는 곳을 따라 번식하면서 누런색을 만든 것이었다. 더욱이 한 신부가 성당 벽에서 멀리 떨어진 곳으로 빗물을 떨어뜨리게 하던 이무기돌을 없애버리자 빗물이 성당 안으로 떨어졌고, 녹색 이끼보다도 물을 흡수하는 힘이 훨씬 강한 황색 이끼류가 번성하기 시작했던 것이다.

드 레핀 대성당이 당면한 문제를 해결하기 위해서는 질소 비료를 사용하지 않는 것이었지만, 그것은 주위의 상황으로 보아 실현이 거의 불가능하였다. 그렇다면 최소한 물이라도 공급하지 않아야 문제를 해결할 수 있다고 생각하여 벽과 조각품에 붙어 있는 이끼를 솔로 떼어낸 다음에 방수 페인트를 칠하려고 했다. 하지만 끈질기게 뻗쳐오는 황색 이끼에 대해서 결정적인 승리를 거두기에는 아쉽게도 힘이 부족하였다. 사람들이 자연의 흐름에 끼어들어 변화를 일으키면 전혀 예상치 못한 결과를 초래할 수 있다는 생태학의 교훈만 얻었을 뿐이다.

최근에 이르러 산업화의 영향으로 나타난 대기오염은 우리 생활을 위협하고 있으며 어떤 경우에는 역사적인 문화재를 부식시키기도 한다. 우리가 살고 있는 건물도 물리·화학적인 과정에 따라 조금씩 풍화되기도 한다. 산업화 과정을 거치면서 화석연료의 사용 증가에 따라 매년 수백만 톤의 유해 가스가 공기 속으로 뿜어져 나왔다. 유해 가스 속에 포함된 이산화황은 물에 녹아 황산을 만드는데 이것이 석회암을 부식시킨다. 또한 자동차의 배기가스에 포함된 산화질소도 물과 만나 질산과 아질산을 만들고 이들이 다른 것들을 부식시킨다.

독일의 미생물학자 에버하르트 보크(Eberhard Bock)는 건물을 부식시키는 데에는 유해가스 속에 포함된 산성물질만이 아니라 질소를 고정하는 세균 역시 한몫을 한다는 충격적인 사실을 밝혀냈다. 분명히 질소 고정균은 지구의 생명을 유지하는 데 중요한 역할을 하지만, 보크는 이 균이 건물의 콘크리트 벽에 살고 있다는 사실을 전자현미경으로 관찰하면서 확실히 밝혀낸 것이다. 그는 쾰른과 뮌헨 등의 큰 도시에 있는 대성당과 오래된 옛 건물에서 니트로소모나스(*Nitrosomonas*)와 니트로박터(*Nitrobacter*) 등이 살면서 부식 활동을 계속한다는 사실을 알아내었다. 이들은 암모니아를 아질산으로 바꾸는 종류와 아질산을 질산으로 바꾸는 종류들로 나뉘며, 결국에는 바위의 알칼리 결합 물질을 녹여 건물을 부식시킨다.

도대체 이들 미생물이 어떻게 건물 부식에 관여하는지 그 과정은 자못 흥미롭다. 이들 미생물의 부식작용은 겉에서 일어나지 않고 내부에서 일어나므로 오랫동안 사람들이 찾아내지 못했다. 비가 오기 전에 먼지와 함께 벽면에 붙은 세균들은 물기를 타고 아래로 흘러내리다가 표면 바로 아래에 이르러서야 자리를 잡고 번식하기 시작한다. 질소 고정균은 대성당 벽을 이루고 있는 사암(砂岩)의 5mm 깊이까지 오염시켰다. 인공적인 부식 실험에서도 이들 미생물들은 일년 동안 $60 \times 11 \times 7cm$ 크기의 콘크리트 덩이의 원래 표면을 깡그리 부식시키고 65% 농도의 질산 14ml를 만들 정도로 부식 능력이 강했다. 질산은 콘크리트 성분과 결합하여 질산칼슘을 만드는데, 이 세균은 질산에 대해서도 강한 저항력을 나타내었다.

우리가 아는 바로는 질소 고정 세균이 분명히 공중 질소를 고정하여 식물에게 유익한 영양분을 제공해주는 것 이외에도 자연에서 질소 순환에 큰 역할을 하고 있다. 이렇게 유익한 세균이 흙 속에서만 사는 것이 아니라 콘크리트 건물을 부식시키는 원인이라는 사실은 우리로 하여금 무척 혼란스럽게 만든다. 더욱이 이러한 부식 작용은 자연 사암에서도 똑같이 일어난다는 것을 확인할 때에 과연 우리는 이 세균의 정체를 무엇이라고 해야 할까?

　사람들에게는 물론 자연 생태계에서 안녕과 질서 그리고 조화를 책임지고 있는 이 세균이 우리가 모르는 사이에 아름다운 건물과 기념물을 부식시키는 피해를 주면서 소리 소문 없이 '이중생활'을 하였다는 사실이 더욱 우리를 놀라게 만든다. 자연에서뿐만 아니라 우리 생활 속에서 우리와 함께 살고 있는 여러 종류의 미생물들은 정말 알게 모르게 놀랍고도 새로운 사실들을 이야기해주고 있다. 아무리 생각해 보아도 미생물들은 그야말로 익살꾼이고 장난꾸러기이며 또한 말썽꾸러기라고 할 수밖에 없는 듯하다.

참고문헌

로버트 멀케히, 강윤재 역,『세균과의 전쟁, 질병』, 지호, 2002.
루이즈 E. 로빈스, 이승숙 역,『미생물의 발견과 파스퇴르』, 바다
　　출판사, 2003.
버나드 딕슨, 이재열·김사열 공역,『미생물의 힘』, 사이언스북스,
　　2002.
아노 카렌, 권복규 역,『전염병의 문화사』, 사이언스북스, 2001.
윤창주,『슈퍼박테리아와 인간』, 까치, 2005.
이노우에 마유미, 김소운 역,『곰팡이의 상식, 인간의 비상식』,
　　양문, 2003.
이재열,『보이지 않는 권력자』, 사이언스북스, 1997.
＿＿＿,『자연의 지배자들』, 지호, 1999.
＿＿＿,『우리 몸 미생물 이야기』, 우물이있는집, 2004.
＿＿＿,『바이러스, 삶과 죽음 사이』, 지호, 2005.
장 마리 펠트, 한정석 역,『정글의 법칙』, 이끌리오, 2005.
정영기 외,『생활 속의 미생물』, 세종출판사, 1998.
존 포스트게이트, 박형욱 역,『극단의 생명』, 코기토, 2003.
천종식,『고마운 미생물, 얄미운 미생물』, 솔, 2005.
페터 크뢰닝, 이동주 역,『오류와 우연의 과학사』, 이마고, 2005.

┌─ **미생물의 세계**

초판발행 2005년 12월 27일 | 2쇄발행 2008년 11월 20일
지은이 이재열
펴낸이 심만수 | 펴낸곳 (주)살림출판사
출판등록 1989년 11월 1일 제9-210호

주소 413-756 경기도 파주시 교하읍 문발리 파주출판도시 522-2
전화번호 영업·(031)955-1350   기획편집·(031)955-1357
팩스 (031)955-1355
이메일 book@sallimbooks.com
홈페이지 http://www.sallimbooks.com

ISBN 89-522-0464-6 04080
     89-522-0096-9 04080 (세트)

* 잘못된 책은 구입하신 서점에서 바꾸어 드립니다.
* 저자와의 협의에 의해 인지를 생략합니다.

값 9,800원